Lieblingsplätze

Kassel und Nordhessen

Lieblingsplätze

Kassel und Nordhessen

GMEINER

Rüdiger Edelmann

Autor und Verlag haben alle Informationen geprüft. Gleichwohl wissen wir, dass sich Gegebenheiten im Verlauf der Zeit ändern, daher erfolgen alle Angaben ohne Gewähr. Sollten Sie Feedback haben, bitte schreiben Sie uns! Über Ihre Rückmeldung zum Buch freuen sich Autor und Verlag: lieblingsplaetze@gmeiner-verlag.de

Sofern im Folgenden nicht gelistet, stammen alle Bilder von Rüdiger Edelmann: Grimmwelt, Foto: Manuela Greipel 63; Brüder Grimm Festival Kassel e.V., Foto: Julia Wagner 66; Museumseisenbahn Hessencourrier e.V., Foto: Philipp Donth 90; Grimm Heimat Nordhessen 92, 94, 128, 136, 172; Tourist-Information Willingen 120

QR-Code einscannen und kostenloses E-Book anfordern.

Besuchen Sie uns im Internet:
www.gmeiner-verlag.de

1., aktualisierte Neuauflage 2021

Im Ehnried 5, 88605 Meßkirch
Telefon 07575/2095-0
info@gmeiner-verlag.de

Lektorat/Redaktion: Ricarda Dück
Herstellung: Julia Franze
Umschlaggestaltung: Susanne Lutz
unter Verwendung der Illustrationen von © SG- design – stock.adobe.com, © Benjamin Arnold, © pandavector – stock.adobe.com, © Wiktoria Matynia – stock.adobe.com, © Konovalov Pavel – stock.adobe.com, © ratkom – stock.adobe.com, © Fiedels – stock.adobe.com, © scusi – stock.adobe.com, © Katrin Lahmer
Kartengrundlage: © Stadt Kassel, Vermessung und Geoinformation, Nr. 1164
Druck: AZ Druck und Datentechnik GmbH, Kempten
Printed in Germany
ISBN 978-3-8392-2619-3

STADT KASSEL

KREIS KASSEL

KREIS WALDECK-FRANKENBERG

SCHWALM-EDER-KREIS

KREIS HERSFELD-ROTENBURG

WERRA-MEISSNER-KREIS

Man walking to the sky von Jonathan Borofsky
vor dem Kulturbahnhof Kassel

Kassel, Nordhessen und die Vorurteile

Ein Abriss

Die Textzeile »Nie Mallorca, immer nur Kassel« in einem Schlager von Paul Kuhn sorgte für Heiterkeit, als ich im Jahr 2004 von Süd- nach Nordhessen zog. Als Nordhesse hatte man es nicht leicht. Wer nach Kassel zog, dem war das Mitleid all derer gewiss, die sich gerne vom Vorurteil leiten ließen, man befände sich in »Hessisch-Sibirien«.

In all den Jahren hat sich in Nordhessen viel verändert. Die Stadt Kassel gilt nicht mehr als strukturschwach. Es ziehen Menschen zu. Der Wirtschaftsraum Nordhessen hat eine Positivbilanz. Die Anerkennung des Bergparks Wilhelmshöhe als Weltkulturerbe führt immer mehr Besucher in die Region. Was sich leider nur bedingt geändert hat, ist das immer noch mangelnde Selbstbewusstsein der Bewohner. Immer noch fühlt man sich benachteiligt und zurückgesetzt. Warum? Weisen doch die Geschichte der Stadt und die Bauwerke aus großen Zeiten auf die Bedeutung der Region Hessen-Kassel hin, wenn auch die Historie manch Vorurteil befördert hat.

Der Satz »Ab nach Kassel!« steht für Verbannung. Er wird immer noch der unfreiwilligen Rekrutierung von Söldnern aus Hessen für den amerikanischen Unabhängigkeitskrieg durch die Briten zugeschrieben. Historisch ist das nicht belegt. Mit weitaus höherer Wahrscheinlichkeit dürfte der Spruch zu einer Karikatur aus der Zeit nach der Festnahme von Napoleon III. im Deutsch-Französischen Krieg 1870/71 gehören, als er in Kassel-Wilhelmshöhe interniert war. Diese Karikatur zeigt Bismarck und Moltke. Sie stehen neben einem Wegweiser mit der Aufschrift Kassel und der Untertitel gibt diese schöne Schlagzeile wieder.

Die Verkettungen und Unglücke hielten auch in der jüngeren Geschichte an. Kassel, einst mit einer wunderschönen Innenstadt geschmückt, wurde im Zweiten Weltkrieg zu fast 80 Prozent zerstört. Die notwendige Bauwut und der Stil der 1950er-Jahre haben der Stadt nicht gutgetan. Einzig die ziemlich gesichtslose Treppenstraße hat als Deutschlands erste Fußgängerzone Berühmtheit erlangt. Heute allerdings pilgern Architekturinteressierte hierher, um sich mit dem geschlossenen 1950er-Jahre Ensemble zu beschäftigen. Nach Weltkrieg und Mauerbau war Kassel schließlich Teil des Zonenrandgebiets und kämpfte mit wirtschaftlichen Problemen. Nach der Wende 1989 ging die Hoffnung auf einen Aufschwung durch die zentrale Lage im vereinigten Deutschland nicht auf. Dank staatlicher Unterstützung und steuerlicher Abschreibungen fuhren viele Unternehmen direkt an Nordhessens Metropole vorbei, um sich in Thüringen anzusiedeln.

Und trotzdem ging es stetig bergauf: innovativste Stadt Deutschlands 2012, Weltkulturerbe 2013, das spricht für sich. Kassel hat was. Das avantgardistische Kunstfestival *documenta* sorgt für einen guten Ruf in Fachkreisen. Das Fest findet alle fünf Jahre statt und viele Überreste der vergangenen Spektakel zieren heute das Stadtbild.

Stadt und Region verfügen über Kultur und Geschichte und sind wesentlich attraktiver, als einem das Vorurteil weismachen will. Und vergessen wir eines nicht: Kassel ist zwar nicht der Geburtsort der Brüder Grimm. Jacob und Wilhelm Grimm verbrachten aber viele Jahre ihres Wirkens in der Region und haben hier all das Material gesammelt, das man heute noch in den *Kinder- und Hausmärchen* nachlesen kann. So trifft man allerorten auf Plätze, die sich Märchen zuordnen lassen, von der Dornröschenburg im Reinhardswald bis zum Frau-Holle-Teich unterhalb des Hohen Meißner. Man ist beim ersten Blick begeistert vom Umland, um auf den zweiten Blick viele attraktive Geheimnisse zu entdecken.

Nun lebe ich schon viele Jahre in der Region. Sie hat sich entwickelt, auch touristisch. Aus Nordhessen wurde die »Grimmheimat Nordhessen«. Die drei Welterbetitel ziehen Besucher an. Die Grimms (Weltdokumentenerbe), der Nationalpark Kellerwald-Edersee (Weltnaturerbe) und der Kasseler Bergpark (Weltkulturerbe) sind die Leuchttürme einer attraktiven Tourismusregion, die sich immer nachhaltiger (Radwege) und familienfreundlicher (*Meine Card+*) zeigt.

Touristische Tipps finden Sie unter www.grimmheimat.de.

STADT KASSEL

1

Museum für Sepulkralkultur
Weinbergstraße 25–27
34117 Kassel
0561 918930
www.sepulkralmuseum.de

GEHÖRT ZUM LEBEN

Museum für Sepulkralkultur

Wer an Kassel denkt, denkt automatisch an den Bergpark und den Welterbetitel, den die Stadt seit 2013 besitzt. Vergessen werden dabei schnell die vielen weiteren sehenswerten Museen. Die Neuen Meister ab dem 19. Jahrhundert und viele *documenta*-Werke sind in der Neuen Galerie zu Hause. Zu den Pflichtstationen zählen zweifelsfrei auch das Hessische Landesmuseum und die Kunsthalle Fridericianum. Der älteste öffentliche Museumsbau Europas konzentriert sich auf neue, raumgreifende Kunst.

Aber sind es nicht die auf den ersten Blick eher »schrägen« Dinge, die Aufmerksamkeit erregen? Das Museum für Sepulkralkultur beheimatet solch besondere Exponate. Vermutlich bekäme das Haus mehr Aufmerksamkeit, wenn die Menschen wüssten, was »Sepulkralkultur« bedeutet. Der lateinische Begriff »sepulcrum« bedeutet »Grablege«. Es geht also um die Kultur des Todes, der Bestattung und des Trauerns. Es mag makaber klingen, aber auch dieser Bereich zählt zur menschlichen Kultur. In Kassel wird er wissenschaftlich erforscht und gleichzeitig in einer Ausstellung öffentlich gemacht.

Kein einfacher Stoff, der von Totentanz bis Leichenwagen und von der Pyramide bis zum Urnengrab reicht. Die Bandbreite ist vor einigen Jahren ergänzt worden um die Trauerriten der fünf Weltreligionen und anderer Glaubensgemeinschaften, die durch Migration heute Teil unserer Gesellschaft sind. Es ist Kulturgeschichte rund um ein Thema, das lange Zeit tabuisiert war. Aufklären sollen dabei auch Führungen, Projekte und Workshops. Sogar ein Kinderangebot gibt es, das von Halloween bis zu mexikanischen Totenkopfförmchen für Schokolade viel bietet. Darüber hinaus präsentiert das Museum auch immer wieder Sonderschauen, in denen die Sepulkralkultur anderer Kulturkreise vorgestellt werden.

Führungen finden jede Woche statt. Veranstaltungen für Kinder- und Jugendliche, bis hin zum Kindergeburtstag, müssen beim Museum angemeldet werden.

2

Herkules im Bergpark
Besucherzentrum
Schlosspark 28
34131 Kassel
0561 31680781
www.museum-kassel.de

HERKULES MACHT'S MÖGLICH

Herkules-Skulptur im Bergpark

Er ist die einzige hessische Sehenswürdigkeit, die es in einer Umfrage zu den bekanntesten deutschen Sehenswürdigkeiten unter die ersten 20 geschafft hat. Platz 15 ist ihm gewiss, dem mehr als 8 Meter großen Hünen aus Kupfer. Und er bietet den besten Blick auf Kassel.

Der Kasseler Landgraf Karl war 1699 nach Italien gereist und hatte, dank seiner Einblicke in italienische Gartenarchitektur, den Plan gefasst, den Karlsberg über seiner Residenz in einen Landschaftsgarten zu verwandeln. 1701 ließ er den römischen Baumeister Giovanni Francesco Guerniero antreten. Der kam gern, lebte fürstlich und plante zunächst einen »Tempel der Winde« auf dem Gipfel des 550 Meter hohen Berges. Es entstand eine Säulenhalle mit einem Turm, auf dessen Spitze dann die Figur des Herkules aufgestellt wurde. Den hatte der Landgraf bei einem Goldschmied in Augsburg bestellt, der den Prachtkerl auch 1717 angeliefert hatte. Seitdem steht er da.

Zugegeben, der Zahn der Zeit nagt an ihm und zuletzt wurde vor einigen Jahren der Kopf restauriert. Zudem hatte Guerniero die Statik falsch berechnet. Als er das merkte, machte er sich, unter Mitnahme des erworbenen Reichtums, bei Nacht und Nebel davon. Dieser Rechenfehler beschäftigt die Stadt Kassel finanziell noch heute.

Vom Fuße des Bauwerks hat man einen fantastischen Blick über den Bergpark und Schloss Wilhelmshöhe auf ganz Kassel. Hier an einem lauen Sommerabend auf die Stadt zu schauen, in netter Gesellschaft und mit einer Flasche Wein im Gepäck, lässt einen hervorragend abschalten. Die Bäume rauschen, und wenn man ein paar Meter läuft, ist man fast ungestört, denn die meisten Touristen finden, außer an Tagen der Wasserspiele, den Weg nur vom Parkplatz bis zur Aussichtsterrasse unterhalb des Kasseler Wahrzeichens.

Führungen durch den Bergpark sind jederzeit buchbar bei der Kassel Marketing GmbH unter 0561 707707. Besteigen kann man den Herkules von April bis Oktober. Karten für Bauwerk und Aussichtsplattform gibt es direkt am Eingang zum Herkules.

8

Wasserspiele Bergpark
(Mai–Oktober)
Schlosspark Wilhelms-
höhe 22
34131 Kassel
0561 31680123
www.museum-kassel.de
www.kassel.de

KÜNSTLICHE NATUR, NATÜRLICHE TECHNIK

Wasserspiele im Bergpark

Rund 150 Jahre hat es gedauert, das knapp zweieinhalb Quadratkilometer große Gelände zu dem zu machen, was es heute darstellt. Die Hanglage macht's. Der Herkules schließt den Park auf der Bergseite ab, zur Stadt hin ist es Schloss Wilhelmshöhe. 283 Höhenmeter trennen diese Gebäude. Dazwischen erstreckt sich das, was in einer Mischung aus italienischem und französischem Barockpark begann und heute eher wie ein englischer Landschaftspark wirkt. Die wechselnden Bauherren zwischen 1696 und 1866 haben unterschiedliche Schwerpunkte gesetzt.

Hauptanziehungspunkt sind die Wasserspiele. Sie basieren noch immer auf der Ursprungstechnik aus dem 18. Jahrhundert und funktionieren seit Anbeginn, ohne Pumpen, nur durch natürliches Gefälle. Das benötigte Wasser wird in Speicherteichen im Habichtswald gesammelt und zwischen Mai und Oktober zweimal pro Woche zu festen Zeiten abgelassen.

Ist es im Bergpark eher idyllisch ruhig, so ändert sich das zur Wasserspielzeit abrupt. Tausende von Menschen warten dann am Fuße des Herkules, um das hervorschießende Wasser zu begleiten über viele Kaskaden, Kanäle, einen Wasserfall bis hinunter zum Schloss. Innerhalb von einer Stunde fließen etwa 1.200 Kubikmeter Wasser durch den Bergpark und enden in einer Fontäne im Schlossteich. Wenn man mit dem ersten Wasserschwall oben startet, erreicht man den Teich vorm Schloss, wenn sich die Fontäne in die Höhe schiebt.

Es ist ein beeindruckendes Spektakel, das an zwei Sommerwochenenden durch das *BergparkLeuchten* ergänzt wird. Während des Events wird das Gelände illuminiert, beleuchtete Wasserspiele sowie Lichtkunst- und Videoprojektionen verzaubern die Besucher. Die konkreten Termine verrät die Website der Stadt.

Zu den Wasserspielen fährt man am besten mit der Straßenbahn Linie 1 zur Endhaltestelle Wilhelmshöhe. Von dort fährt die Buslinie 23 viertelstündlich zum Herkules.

4

Löwenburg
Schlosspark 9
Bergpark-Wilhelmshöhe
34131 Kassel
0561 31680244
www.museum-kassel.de

RUINENSCHWÄRMEREI UND EINE GELIEBTE

Löwenburg im Bergpark

Als die Welt für Ruinenromantik schwärmte, entstand die Löwenburg im Bergpark Wilhelmshöhe. 1793 gab Landgraf Wilhelm IX., der spätere Kurfürst Wilhelm I., den Bauauftrag: Sie sollte wie eine Burgruine aus dem Mittelalter aussehen. Die Fassade war ihm wichtig. Noch wichtiger war ihm allerdings der Innenausbau zum Lustschloss im wahrsten Sinne des Wortes.

Der Begriff »Mätressenwirtschaft« traf auf keinen besser zu als auf den Landgrafen. Mit seiner ihm angetrauten Frau, der Prinzessin Wilhelmine Karoline von Dänemark hatte er vier Kinder. Daneben gab es unzähligen Affären. Mit 13 Kindern hatte er die meisten Nachkommen mit Karoline von Schlotheim. Für sie ließ er die Löwenburg bauen. Klatschmagazine von heute würden vermutlich von der Midlife-Crisis des Kurfürsten und von einer 23 Jahre jüngeren Affäre schreiben. Seine Ehefrau musste sich damit abfinden, dass die Geliebte die wichtigere Frau war. Die Löwenburg zeugt von einer Beziehung, die ihren Erbauer glücklich gemacht hat, auch wenn bei Karoline von Schlotheim bis heute nur von der Mätresse die Rede ist. Sie soll sehr schön gewesen sein. Ein Porträt der Herzensdame hängt heute noch dort.

Der Wehrturm der Löwenburg wurde während des Zweiten Weltkriegs bei einem Bombenangriff zerstört, die Anlage stark beschädigt. Zurzeit beherrschen Bauarbeiten das Gelände. Der Turm ist bereits wieder im Ursprungszustand. Erst 2022 sollen die Arbeiten abgeschlossen sein.

Ein Spaziergang zur Löwenburg, von Schloss Wilhelmshöhe aus, ist zu jeder Jahreszeit ein Erlebnis. Ich finde den Weg am schönsten im Herbst, wenn die Sonne am späten Vormittag die Nebelschwaden im Bergpark langsam aber sicher auffrisst. Erst sieht man nur ein paar Mauern, bis man dann vor dem Gesamtensemble steht. Es ist größer als man vermutet. Von dort hat man einen traumhaften Blick auf den Herkules und in den Bergpark.

Die Innenräume der Löwenburg kann man nur im Rahmen einer Führung besichtigen. Bis zum Ende der Restaurierung wird dies, bei reduziertem Eintritt, nur teilweise möglich sein.

5

Schloss Wilhelmshöhe
Schlosspark
134131 Kassel
0561 316800
www.museum-kassel.de

ZENTRUM DER MUSEUMSLANDSCHAFT

Schloss Wilhelmshöhe im Bergpark

Wem es die alten Meister der Kunst angetan haben, für den ist Schloss Wilhelmshöhe eine Pflichtstation. Es entstand in den Jahren 1786 bis 1798 und bildet das untere Ende des Bergparks mit einer Sichtachse zum etwa 280 Meter höher liegenden Herkules und zur Wilhelmshöher Allee, die kerzengerade in die Stadt führt.

Die hessischen Fürsten investierten bis ins 18. Jahrhundert leidenschaftlich in Kunstwerke, was ihre Sammlungen belegen. Insbesondere Landgraf Wilhelm VIII. hortete das, was heute die im Schloss angesiedelte Galerie Alte Meister ausmacht. Durch Diplomaten und Kunstagenten kaufte er etwa 800 der 1.200 vorhandenen Gemälde in Europa zusammen. Insbesondere die Werke der Hauptvertreter des holländischen und flämischen Barocks hatten es ihm angetan. Bilder von Rembrandt van Rijn, Frans Hals, Peter Paul Rubens und Floris van Dyck zieren unter anderem die Räume der Galerie. Was Rembrandt betrifft, hängt hier die größte Zahl seiner Werke in Deutschland. Zur Sammlung gehören aber auch Gemälde der Spätgotik, der Renaissance und des Klassizismus.

Während der napoleonischen Besatzung von 1806 bis 1813 diente das Schloss Jérôme Bonaparte als Residenz, nachdem ihm das Kasseler Stadtschloss abgebrannt war. Er war bekannt als »König Lustik«, da sich die deutschen Sprachkenntnisse des »Partylöwen« auf Sätze wie »Morgen wieder lustik« reduzierten. Von 1891 bis 1918 war das Schloss regelmäßig Sommerresidenz der Familie Kaiser Wilhelms II. Auf der Roseninsel im Bergpark findet sich noch heute die Gedenkstätte des prominentesten kaiserlichen Dackels Erdmann.

Nach der Bombardierung 1945 lag das Schloss lange Jahre brach, bis es ab 1961 als Kunstmuseum wieder aufgebaut wurde. Unübertroffen als Kunstgalerie, verbreitet es ein hochherrschaftliches Flair, wenn man, aus der Stadt kommend, auf den Bergpark zufährt. Es dürfte auch eines der wenigen Schlösser mit Straßenbahnanschluss sein.

Der Bergpark ist ausschließlich zu Fuß erlebbar. Das Fahren mit dem PKW oder Bussen ist nicht gestattet. Unterhalb des Schlosses und am Herkules befinden sich öffentliche Parkplätze.

6

Schlosshotel Bad Wilhelmshöhe
Schlosspark 8
34131 Kassel
0561 30880
www.schlosshotel-kassel.de

COCKTAILS, BETTEN UND GESCHICHTE

Schlosshotel Bad Wilhelmshöhe im Bergpark

Unter einem Schlosshotel stellt man sich gemeinhin etwas anderes vor. In Kassel ist es kein Hotel im Schloss, sondern in dessen unmittelbarer Nähe, und es verfügt über historische Bedeutung. Der heutige Bau entstand in seinen architektonischen Grundzügen im Jahr 1955. Paul Bode, jüngerer Bruder des *documenta*-Gründers Arnold Bode und Stararchitekt der 1950er-Jahre, lieferte die Pläne. Hotel und Gastronomie spielten aber schon seit dem 18. Jahrhundert an gleicher Stelle eine Rolle. Erst stand dort ein Gasthaus, dann errichtete Kurfürst Wilhelm II. 1827 ein Hotel in direkter Nachbarschaft des Schlosses Wilhelmshöhe.

In diesem Haus wurde deutsche Geschichte geschrieben. Hindenburg organisierte hier den Rückzug und die Auflösung der deutschen Truppen nach dem Ersten Weltkrieg. Im neuen Schlosshotel fanden am 21. Mai 1970, nach dem Erfurter Treffen, die zweiten innerdeutschen Gespräche zwischen Bundeskanzler Willy Brandt und Willi Stoph, dem Ministerpräsidenten der DDR, statt.

Man atmet heute gewissermaßen große Historie, wenn man das Gebäude betritt. Der diskrete Charme der 1950er-Jahre ist nach einer Grundsanierung einem modernen Ambiente gewichen. Viele der Zimmer haben eine traumhafte Aussicht auf die Stadt oder in Richtung Bergpark. Eine Spa- und Wellnesslandschaft erfreut die Gäste. Im Sommer wartet ein wundervoller Garten mit Naturbadeteich. Auch die Gastronomie wurde überholt. In den Restaurants widmen sich Spezialangebote unterschiedlichsten Anlässen: Die Palette reicht vom Liebemenü zum Valentinstag bis zum Hessischen Spezialitätenbuffet inklusive Ahler Wurst und nordhessischem Schmandschnitzel.

Gerade im Sommer ist es schön, zu späterer Stunde noch einen Absacker zu nehmen, wahlweise an der Bar oder aber auf der großzügigen Terrasse mit Blick auf den Bergpark und Schloss Wilhelmshöhe. Das beantwortet den anfänglichen Zweifel, wie ein Schlosshotel sein muss oder sein sollte.

Sonntags bietet das Schlosshotel einen Brunch mit Livemusik zu günstigen Preisen.

7

Kurhessen Therme
Wilhelmshöher Allee 361
34131 Kassel-
Bad Wilhelmshöhe
0561 318080
www.kurhessen-
therme.de

GESUND GEBOHRT

Kurhessen Therme

Ohne die private Therme, die heute hauptsächlich Spaß- und Freizeitbad ist, gäbe es den Titel »Bad« für den Kasseler Stadtteil Wilhelmshöhe schon seit einigen Jahren nicht mehr und die vorhandenen Kliniken hätten dicht machen müssen. Aber auch ohne diese Ironie gehört die Therme zum beliebten Erholungsangebot von Einwohnern und Touristen.

Die Therme war in den 1970er-Jahren auch die Rettung. Die Quellen von Bad Wilhelmshöhe aus den Jahren 1914 und 1915 waren längst versiegt und eigentlich gab es keinen Grund mehr, Wilhelmshöhe als Kur- und Badeort weiter anzuerkennen. Eine neue Quelle musste her. Die Stadt Kassel wiederum hatte kein Geld. Da kam nur ein privater Investor infrage. Es war Werner Wicker, der 1978 begann, nach einer neuen Thermalquelle zu bohren. Erst nach zehn Monaten stieß er auf Heilwasser in über 600 Metern Tiefe. Bad Wilhelmshöhe war gerettet und Werner Wicker baute um die Quelle die Kurhessen Therme. Neben der Behandlung von Patienten in Thermalsolebecken wurde aus der Kurhessen Therme eines der ersten Erlebnisbäder der Republik. 1983 eröffnet, ist sie zum festen Freizeit- und Gesundheitsangebot der Stadt Kassel geworden.

Das Solewasser in den Becken hat im Schnitt seine 32 bis 36 Grad. So kann man selbst im Winter in den Außenbereichen prima schwimmen. Wobei man eher ein wenig planscht, sich treiben lässt und dabei herrlich entspannt. Zur Therme gehören auch ein Wellnessbereich, ein Fitnesscenter, eine Solegrotte, eine riesige Saunalandschaft und ein japanischer Duftgarten. Es gibt nichts Herrlicheres, als im Winter hier ein paar Stunden zu entspannen. Das geht natürlich auch im Sommer, eine Liegewiese rundet das Angebot dann ab und von dort hat man direkten Zugang zum Biergarten des Restaurants. Einfach mal vier Stunden in die Erholung flüchten, ist schlicht großartig.

Für Nachtschwärmer wartet man jeden ersten Freitag im Monat bis 1 Uhr mit der *Langen Thermennacht* auf.

8

Matterhorn-Stübli
Wilhelmshöher Allee 326
32634131 Kassel
0561 39933
www.matterhornstuebli.de

RÖSTI, SPÄTZLI UND GESCHNÄTZLÄTZ

Restaurant Matterhorn-Stübli

Es gibt nicht viele Restaurants in Deutschland, die sich der Schweizer Küche verschrieben haben. In Kassel gibt es, für mich, das beste. Dabei ist das Matterhorn-Stübli von außen so unscheinbar, dass man Gefahr läuft, daran vorbeizufahren oder -laufen. Innen wartet ursprüngliche und feine Schweizer Küche.

So landete ich an meinem ersten nordhessischen Abend, es war der 16. Juni 2004, im Matterhorn-Stübli, betrieben von Familie Holzhauer. Seitdem bin ich vermutlich mehr als hundert Mal dort gewesen und habe geschlemmt: Klassisch mit Röstispezialitäten, Züri Geschnätzlätz und Käsfondue, traditionell mit Chäsbrägel, Käsesuppe, Raclette und innovativ mit Chili-Weißweinsuppe oder Appenzeller Hähnchenbrust.

Das »Stübli« ist fein und bodenständig zugleich, typisch schweizerisch-nordhessisch. Seit einigen Jahren führt Sohn Yves das Restaurant. Er hat neben den Standards hauptsächlich saisonale Einflüsse auf die Karte gebracht. Die hausgemachten »Herbst-Spätzli«, mit frischen Pilzen, Walnüssen, Speck und Zwiebeln angebraten, mit Birnen verfeinert und mit Bergkäse überbacken, sind eine Sensation. Im Frühling warten besondere Spargelinnovationen und der Hang der Familie in Richtung Amerika manifestiert sich im »Röschti USA«, stilecht mit Ei und Bacon. Die Wein- und Digestivkarte kann sich sehen lassen und ist dabei äußerst preisgünstig.

Es wäre müßig, hier einen Lehrgang in Suisse Cuisine zu veranstalten, denn erstens bekommt man alles erklärt, zweitens habe ich mir meine Kenntnisse auch erst dort erarbeitet und drittens wird man eigentlich nie nur einmal dort zu Gast sein. Für mich ist das Stübli kulinarische Heimat, gleich ob im Winter im gemütlichen Lokal oder im Sommer auf der kleinen Terrasse. Zum Abschluss ein Pflümli und die Welt ist schweizerisch-schön mitten in Nordhessen.

Fragen Sie mal nach Käsefondue mit Kartoffeln statt Brot. Einzigartig, wenngleich sich der Hunger für mindestens 20 Stunden verabschiedet.

9

Sophie-Henschel-Platz
Ecke Wilhelmshöher Allee/
Virchowstraße
34121 Kassel

Ein kleiner Park für eine grosse Frau

Sophie-Henschel-Platz

»Nichts Außergewöhnliches«, mag denken, wer an diesem kleinen Park an der Wilhelmshöher Allee unweit des ICE-Bahnhofs vorbeiläuft oder -fährt. Dieser Platz bietet jedoch große Kasseler Personen- und Industriegeschichte. Zudem ist er, samt seiner Umbauung, ein Idyll am Rande des Stadtteils Wehlheiden. Man ist mitten in der Stadt und doch im Grünen.

Es sollte nur ein netter kleiner Park werden, der die Prachtmeile Wilhelmshöher Allee mit dem dahinterliegenden Rot-Kreuz-Krankenhaus verbindet, durch die spätere Bebauung des Geländes ist eine architektonische Idylle entstanden. Benannt ist der Platz nach einer der großen Bürgerinnen der Stadt und einer der ersten Frauen Deutschlands, die um die Wende ins 20. Jahrhundert einem großen Industriekonzern vorstand. Nach dem Tod ihres Mannes übernahm sie 1894 die Leitung der gesamten Henschelfabriken, die Lokomotiven für die ganze Welt bauten, und führte sie in eine glänzende Zukunft. Dadurch war sie relativ schnell eine der reichsten Frauen im Kaiserreich. Den Reichtum setzte sie auch für zahlreiche Spenden ein. 1908 wurde das Kasseler Rot-Kreuz-Krankenhaus gebaut. Sophie Henschel hatte Grundstück und Geldmittel dafür zur Verfügung gestellt. Sie starb 1915. Der geplante Park zwischen Krankenhaus und Wilhelmshöher Allee wurde erst nach ihrem Tod realisiert. Um den Park herum errichtete die damalige Kali-Industrie AG an drei Seiten Wohnungen für Mitarbeiter.

Letztlich sieht es heute noch so ähnlich aus wie in den 1920er-Jahren. Man sitzt in einer grünen Idylle an einem wichtigen Platz, denn Sophie Henschel hat, als historische Figur, noch heute einen ganz hohen Stellenwert in Kassel. An sie zu erinnern, gehört gewissermaßen zur Bürgerpflicht. Nicht umsonst hat sie dank ihres sozialen Engagements und ihrer Leistung als Unternehmerin den vor Jahren von der lokalen Presse per Leserentscheid verliehenen Titel »wichtigste Kasseler Persönlichkeit« bekommen.

Die vor den Häusern verlaufende Virchowstraße auf Höhe des Platzes ist eine der schönsten Alleen der Stadt Kassel.

10

Vorderer Westen
Rund um Kongress
Palais Kassel
Holger-Börner-Platz 1
34119 Kassel
www.vorderer-westen.net

Filmladen Kassel e.V.
Goethestraße 31
34119 Kassel
0561 707642
www.filmladen.de

SCHICKE GRÜNDERZEIT UND JUGENDSTIL

Spaziergang durch den Vorderen Westen

Der Westen ist für viele Städte ein Indiz für alt gewachsene, bessere Wohnviertel. Das trifft auch auf Kassel zu und seinen Vorderen Westen. Der Stadtteil ist geprägt von Altbauten, Gründerzeit und Jugendstil sowie großzügigen Wohnungen, auch heute noch.

Wie in vielen anderen Städten ist Kassel-West (offizieller Name bis 2010) ein ehemals feiner Stadtteil. Leider hat auch hier die fatale Bombardierung Kassels ihre Spuren in Form von 1950er-Jahre-Architektur in den zerbombten Zwischenräumen hinterlassen. Aber große Teile des Viertels hatten Glück und präsentieren sich heute fein restauriert und in altem Glanz. Die Lebensader deutet mit der Friedrich-Ebert-Straße und dem August-Bebel-Platz auf die sozialdemokratische Geschichte der Stadt, auch wenn die Namen der großen Sozialisten nicht so recht zum großbürgerlichen Ambiente zu passen scheinen.

Menschen mit großen Namen haben zeitweise hier gelebt. Samuel Beckett war in den 1920er-Jahren Dauergast bei Onkel und Tante, hauptsächlich aber wegen der Liebe zu seiner Cousine Peggy. Rita Hayworth machte eine Stippvisite zur Truppenunterhaltung in den 1940er-Jahren und der Stummfilmregisseur Friedrich Wilhelm Murnau verbrachte seine Kindheit hier.

Mir hat es der alte Teil zwischen Stadthalle und der Kneipenmeile angetan. Buchläden, Feinkostläden, Biomärkte, Cafés und Kneipen zieren heute den Stadtteil. Kreative Modegeschäfte (zum Beispiel für maßgeschneiderte Korsetts) geben den besonderen Kick. *Sapori D'Italia* am Bebelplatz mausert sich in der Mittagszeit zur gern besuchten Ersatzkantine und in der Friedrich-Ebert-Straße wartet mit dem *Voit* eines der Kasseler Top-Restaurants. Man kann hier prima lustwandeln und sich in vermeintlich bessere Zeiten zurückdenken. Die Wohngegend ist hoch geschätzt, ein vorübergehender Aufenthalt aber ebenfalls schön.

In der Querallee an der Ecke Goethestraße findet sich der Filmladen, Kassels erstes Programmkino mit Filmen jenseits des Massenangebots.

11

Restaurant Trimurti
Wilhelmshöher Allee 61
34121 Kassel
0561 766 88 66
www.trimurti-restaurant.de

GÖTTLICHE DREIEINIGKEIT

Indisches Restaurant Trimurti

Natürlich bemühe ich mich als Besucher, die regionale Küche meines Aufenthaltsortes kennenzulernen. Natürlich gelingt das aber nicht immer, und dann steht man am frühen Abend mit einem Hungergefühl in einer fremden Stadt und weiß nicht so recht, wo man hingehen soll. Verschärft stellt sich die Situation für die dar, die sich vegetarisch oder vegan ernähren. Deshalb sei ein Tipp für diejenigen genannt: das indisches Restaurant Trimurti.

»Trimurti« kommt aus der Hindi-Sprache und bedeutet so viel wie »Dreieinigkeit« oder »drei Götter«. Diese Göttlichkeit liegt in meinen Augen in der indischen Küche darin, dass einem an nichts fehlt, ganz gleich welche kulinarischen Vorlieben man hat – selbst wenn wie im *Trimurti* ausschließlich vegane und vegetarische Gerichte serviert werden.

Was vor einigen Jahren als eine Art Schnellimbiss startete, hat sich inzwischen zu einem gemütlichen Restaurant gemausert. Das Interieur ist trotz Wandel traditionell indisch geblieben: bunte Farben, eine blinkende Lichterkette im Schaufenster und eine Theke, die tagsüber mit einem kleineren Angebot insbesondere die Studenten des benachbarten Universitätsteils versorgt. Abends jedoch bietet Familie Vasudev fein gewürzte Kulinarik à la carte.

Thali-Gerichte mit schmackhaften Linsen und weiterem Gemüse ergänzen vegetarische Masala-Varianten. Diverse Currys stehen auf der Karte, und der Nichtvegetarier bekommt den »Chicken-Ersatz« in Form des indischen Käses Paneer. Salate, verschiedenste Fladenbrotsorten, Pakoras und Samosas runden das Angebot ab. Die Getränkekarte reicht von Chai über Lassis und Säfte bis zu Wein, Bio-Hefeweizen und indischem Bier. Im Sommer lädt ein kleiner Garten im Hinterhof ein. Hier wird jeder glücklich, der sich niederlässt.

Natürlich gibt es in Kassel auch sehr gute italienische – neben *Gambero Rosso, Teatro* sei *Da Vinci* genannt – und griechische Restaurants (*Eat Greek, Daphne*).

12

Theater im Centrum e. V.
Akazienweg 24
34117 Kassel
0561 7018722
www.theaterimcentrum.de

Musical »Made in Kassel«

Theater im Centrum

Die Theaterszene in der Stadt ist schwierig. Das Staatstheater spielt auf drei Bühnen mit finanziellem Zuschuss. Die *Komödie Kassel* ist längst eine Kooperation mit kleinen Schauspielhäusern aus Bremen, Lübeck und Bielefeld eingegangen, denn alleine zu überleben scheint unmöglich. Dieser Chancenlosigkeit begegnet Michael Fajgel, Chef des *Theaters im Centrum (tic)*, mit einem ganz eigenen Konzept. Als er 2003 die Bühne in einem ehemaligen Gottesdienstraum eröffnete, wusste er sicher nicht, dass er das so lange durchhalten würde. Im kleinen Theater zog das Musical ein.

Stücke in Lizenz einzukaufen gaben weder Budget noch Bühnengröße her. So kreierte Michael Fajgel seine Stoffe selbst: eigene Handlungsstränge in Mischung mit bekannten Songs und Melodien. Das *tic* spielt jährlich rund 160 bis 200 Vorstellungen. Ein festes Ensemble kann sich das Theater nicht leisten, aber es ist bis heute selbstständig und kommt ohne Subventionen aus.

Immer steht das musikalische Vergnügen im Vordergrund – egal, ob auf der Bühne ein junges Pärchen mitsamt künftiger Schwiegereltern in eine Hotelbruchbude hereinschneit und sich die Zeit mit einer Karaoke-Maschine vertreiben muss, oder ob es um eine deutsche Showgeschichte geht, die komödiantischen Inhalt mit Songs aus der Motown-Ära verbindet. Der Spaß liegt auch in den bekannten Songs begründet. Sie garantieren verlässlich gute Stimmung im Publikum, gleich ob Schlager, Pop oder Rock 'n' Roll. Gelegentlich ist auch ein wenig Selbstironie dabei, wie beim Erfolgsstück *Ewig Jung,* in dem das *tic* des Jahres 2048 die Szenerie bildet. Selbst im zum Altersheim umgebauten Theater rocken die Schauspielersenioren die Bühne, die als Gemeinschaftsraum dient.

Das bringt Sympathie, denn wer träumt nicht davon, auch im Alter noch »forever young« zu sein. Möge der Spaß noch lange anhalten, bei den Zuschauern wie beim *tic*-Team.

Leider beziehungsweise glücklicherweise sind die Vorstellungen oft ausverkauft. Eine frühzeitige Reservierung ist empfohlen.

13

CARICATURA – Galerie für Komische Kunst
im Kulturbahnhof
Rainer-Dierichs-Platz 1
34117 Kassel
0561 776499
www.caricatura.de

BILDERSATIRE

Galerie für komische Kunst *Caricatura*

Ich lache gern und ich liebe Satire. Komische Kunst? Das trieb mich zum ersten Mal in die Räume der *Caricatura* gleich rechts am Kasseler Kulturbahnhof. Die Macher haben sich der Aufgabe verschrieben, nicht nur große komische Kunst vom Comic über Karikaturen bis zum Gemälde zu zeigen, sondern auch Newcomern eine Chance zu geben in diesem sich entwickelnden Genre.

Wie konnte man es wagen, Komisches als Alternative zur *documenta* anzubieten? Der Erfolg gab den Machern 1987 recht. Im gleichen Jahr wurde der Verein bereits mit dem Kulturförderpreis der Stadt Kassel ausgezeichnet. Seit 1995 gibt es feste Ausstellungsräume in einem Seitentrakt des Kasseler Kulturbahnhofs. Hier präsentiert die Galerie in vier bis fünf Ausstellungen pro Jahr nicht nur Klassiker von Comic und Karikatur, sondern stellt auch Ausstellungsfläche für die Neuen in der Szene zur Verfügung. Mancher Nachwuchs der frühen Jahre gehört heute zu den anerkannten Künstlern der Komik. Mein Highlight sind die Cartoons des Jahres, die die letzten 12 Monate satirisch aus verschiedenen Blickwinkeln zusammenfassen.

In *documenta*-Jahren gibt es immer eine Begleitausstellung als »respektloser, hintersinniger Dialog mit den Protagonisten der Hochkultur«, so die Veranstalter. Wer eine Pause braucht von großer und manchmal schwer verständlicher Kunst, der ist hier richtig. Im Galerieshop kann man sich zudem mit Drucken, Büchern und auch CDs eindecken.

»Komische Kunst«, der Begriff hat sich dank der *Caricatura*-Macher zum Genre entwickelt, macht das Leben leichter. Letztlich weiß man, dass Lachen und Satire eine schlagkräftige Waffe in der politischen und gesellschaftlichen Diskussion sein können. Und wer dies nicht nachvollziehen möchte, hat immerhin gelacht!

In der *Caricatura* gibt es inzwischen regelmäßig Kabarettprogramme, Lesungen und Konzerte. Flüssiges bietet die *Caricatura*-Bar.

14

Treppenstraße
Startpunkt: Stadtcafé
Treppenstraße
Obere Königsstraße 41
34117 Kassel
0561 9372215

NOSTALGIEANSICHTEN

Fußgängerzone Treppenstraße

Es gibt Plätze und Orte, die sind schön, und es gibt welche, die zwar nicht schön sind, einen aber trotzdem anziehen. Die erste Fußgängerzone der Bundesrepublik gehört zu letzteren: Hier wartet der angestaubte Charme der 1950er-Jahre. Die Treppenstraße war ein Vorzeigeobjekt des Wirtschaftswunders. Die Zeiten änderten sich, die Treppenstraße nicht, leider oder glücklicherweise.

Vielleicht ist sie das Sinnbild für die Vorurteile, die man einer Stadt wie Kassel entgegenbringt: verstaubt, ein wenig spießig und in den 50ern des letzten Jahrhunderts stecken geblieben. Kassels Innenstadt wurde im Zweiten Weltkrieg fast völlig zerstört. Nichts von der einstigen Pracht war geblieben. Die Stadtväter entschlossen sich damals zum Aufbau, zum Neuanfang und brachen mit allen Traditionen. Im Innenstadtbereich baute man nicht nur die autogerechte Stadt, man war auch, in der Denke der Nachkriegsjahre, aus auf Neues. Lange bevor der Fußgänger als berechtigtes Wesen in den Straßenverkehrsgesetzen auftauchte, schuf Kassel 1953 eine Straße nur für Fußgänger. Sie war Anziehungspunkt und gesäumt von edlen Geschäften.

Mit dem Niedergang des Einzelhandels konnte die Straße, die keine war, nicht mehr mithalten. Dagegen unternommen wurde nichts. Aus heutigem Blickwinkel gesehen, war das vermutlich sogar gut, denn so wurde immerhin die Bausubstanz denkmalgeschützt und erhält ein Stück 1950er- und 1960er-Jahre.

Wenn eine Straße das Zeug hat, zum Museum des Wirtschaftswunders zu werden, dann ist sie es. Machte man was draus, würde die Treppenstraße ihren Charme neu entfalten und ihr langweiliges Schmuddelimage verlieren. Ja, man bemüht sich, bisher allerdings mit geringem Erfolg. Immerhin, der »documenta-Obelisk«, um den es so viel Streit gab, hat dort eine dauerhafte Bleibe gefunden.

Treppenstraße genießen heißt im Sommer vor dem Stadtcafé zu sitzen und sich an der Sonne zu erfreuen.

15

Staatstheater Kassel
Friedrichsplatz 15
34117 Kassel
0561 1094222
www.staatstheater-kassel.de

tif – Theater im Fridericianum
Karl-Bernhardi-Straße
34117 Kassel

Es konnte nie aus seiner Haut

Staatstheater

Nicht jede Stadt hat ein Staatstheater. Wirtschaftlich gesehen wird man vermutlich sagen, dass da Kassel Glück gehabt hat, denn Staatstheatern geht es in der Regel besser als Stadttheatern. Aber geht es eventuell doch um Fantasie, Spielfreude und Schauspielkunst?

Zunächst muss man konstatieren, dass die Anfänge des Theaters im wahrsten Sinn nebenan stattfanden. Im Ottoneum, dem heutigen Naturkundemuseum, wurde 1604 das erste feste Theaterhaus des Kontinents eröffnet. 1909 schenkte Kaiser Wilhelm II. Kassel einen neuen Prachtbau. Der Krieg zerstörte das Hoftheater und danach gab es viel Theater ums Theater, bis der Plan von Paul Bode realisiert war und das heutige Gebäude 1959 eröffnet wurde.

Mehr oder weniger Theater im Theater hat die Bühne seitdem erlebt. Große Zeiten gab es unter Ulrich Brecht mit einer Wagnerschen Ring-Inszenierung. Turbulent ging es unter Giancarlo del Monaco zu, der das Publikum mit opulenten Operninszenierungen und vielen Nackten auf der Bühne schockierte. Christoph Nix wiederum scheiterte am Widerstand des konservativen Oberbürgermeisters und der stachelnden Tagespresse. Erst Intendant Thomas Bockelmann brachte das Haus wieder in ruhiges Fahrwasser, trotz eines Spielplans, der von klassischer Oper bis zur *Rocky Horror Show* reichte.

Man geht wieder ins Theater und lässt sich, wenn es sein muss, auch mal eine Provokation des Intendanten, dem Cousin des Schlagerstars Udo Jürgens, gefallen. Die Palette des Spielplans reicht von Wagners *Götterdämmerung* über das Broadway-Musical *Candide*, der Kinderoper *Der Wind in den Weiden* bis zum Dokumentationsstück über den NSU-Prozess. Je nach Inszenierung wallen die Abendkleider oder dominieren Jeans. Theater für alle, das ist der Anspruch, an dem auch der künftige Intendant Florian Lutz gemessen werden wird.

Kleine, feine Inszenierungen bietet das *tif* (Theater im Fridericianum). Auf der kleinsten der drei Staatstheaterbühnen traut man sich was.

16

Markthalle Kassel
Wildemannsgasse 1
34117 Kassel
0561 780395
www.markthalle-kassel.de

»Schmeckewöhlerchen«

Markthalle

Gerade in Zeiten, wo regionale und frische Produkte groß geschrieben werden, kann sich das Angebot der Markthalle sehen lassen. Wie viele Kasseler bedauere ich lediglich, dass nur von Donnerstag bis Samstag geöffnet ist. Frisches lokales Obst und Gemüse, natürlich auch Exoten, Fleisch- und Wurstwaren, Gewürze und darüber hinaus ein kulinarisches Angebot, das zum Verweilen einlädt.

Die Tradition dieser Markthalle ist noch gar nicht so alt, wie man denken mag. Bis in die 1950er-Jahre gab es einen großen Wochenmarkt auf dem Königsplatz. Irgendwann sprengte er den Rahmen und die wachsenden hygienischen Ansprüche verlangten nach einer anderen Lösung. Die Markthalle ist heute dort untergebracht, wo sich im 16. Jahrhundert der landgräfliche Marstall befand. Auf große Historie kann man sich trotzdem nur indirekt stützen, denn das heutige Gebäude, das 1965 bezogen wurde, ersetzte das durch Bomben zerstörte Bauwerk. Etwa 70 Marktbeschicker bilden den Kern der zweistöckigen Markthalle und des Außengeländes. Seit Jahren versucht sich die Stadt Kassel an neuen Konzepten. Neue Anbieter sollen verstärkt jüngeres Publikum anziehen. Bald soll es soweit sein.

Exotisches im Rahmen der Nachfrage findet sich, trotzdem sind es wohl doch die heimischen Produkte, die das Publikum in die Markthalle ziehen. Ahle Wurst, Käse vom Land und wohlschmeckende Kartoffeln. Den Hauptgrund liefert aber doch die Atmosphäre.

Bei dialektgefärbten Gesprächen muss ich mich zurückhalten. Sie finden statt, das ist gut so, und machen das Marktgeschehen und die Stimmung aus. Der eher wortkarge Kasseläner trifft sich dort, trinkt einen Kaffee oder einen Wein, »schnabuliert« und »schnuddelt«. Wer als Nicht-Kasseler dazukommt und weiß, was das bedeutet, wird akzeptiert, und das heißt schon was.

Die frisch gebackenen Waffeln im Café Markttreff sind eine Offenbarung.

17

Ahle Wurst und Weckewerk serviert die **Gaststätte »Zum Lichtenhainer«**
Elfbuchenstraße 4
34119 Kassel
0561 5297800
www.lichtenhainer-kassel.de

Ahle Wurst und Weckewerk

Nordhessische Spezialitäten in der Gaststätte *Zum Lichtenhainer*

Die ursprüngliche nordhessische Küche zeichnet sich als Arme-Leute-Kost aus, die eher deftig daherkommt. Aber es gibt reizvolle Varianten. Gleich, was man aber bestellt, die Kalorientabelle lässt man am besten immer zu Hause.

Natürlich wird jeder Nordhesse und Kasseläner an erster Stelle die Ahle Wurst nennen. Sie ist aus Schweinefleisch gemacht, natürlich mit reichlich Speck und enthält als Grundwürze lediglich Salz, Pfeffer und Salpeter. Einzelne Metzger mischen noch Muskat, Knoblauch oder auch Koriander unter. Das Wesentliche an der »Wurscht« ist aber die Luftreifung von bis zu acht Monaten. Wer sie als Mitbringsel sucht, ist gut aufgehoben in der Markthalle, bei lokalen Metzgereien oder auch an den zahlreichen Regionalständen Kasseler Supermärkte. Sie ist ein typisches Produkt der ehemaligen Hausschlachtungen.

Eine zweite Spezialität, die rein optisch die Menschheit genauso spaltet wie der norddeutsche Labskaus ist das Weckewerk: Sieht meist gewöhnungsbedürftig aus und schmeckt auch nicht überall. Eigentlich war dieses Gericht ja auch nur Abfallverwertung beim Schlachtfest. Gekochte Schwarten, Gehacktes, Fleischbrühe, ein paar gekochte Fleischstücke, Blut und Innereien werden durchgemahlen und mit altbackenen Brötchen, den Wecken, verlängert. Diese Masse lässt sich einkochen oder auch frisch in der Pfanne braten. Dazu reicht man Gewürzgurken, Salzkartoffeln und Salat mit Schmandsoße.

Überhaupt, der Schmand, die nordhessische Antwort auf die Crème fraîche, ist unverzichtbar. Ein Schnitzel mit Schmandsoße, in der Speckstückchen verewigt sind, gehört zu den nordhessischen Klassikern. Auch beim Spanisch Fricco, den Namen verdankt man wohl dem Hof von Jérôme Bonaparte, verwandelt man Gulaschfleisch mit Kartoffeln, Zwiebeln, Gewürzen und reichlich Schmand in einen leckeren Auflauf.

In der Gaststätte *Zum Lichtenhainer* gibt es nicht nur Weckewerk und Ahle Wurst. Die Speisekarte weist die Vielfalt der nordhessischen Küche aus: vom Schmandschnitzel bis zum Duggefett.

Spitzhacke von Claes Oldenburg am Fuldaufer

DAUER-DOCUMENTA

Kunstspaziergang durch die Innenstadt

»Wir meinen aber, man könnte etwas Neues versuchen.« Aus diesem wohlüberlegten Satz des Kasseler Künstler Arnold Bode entwickelte sich die Weltausstellung der zeitgenössischen Kunst, das »Museum der 100 Tage«. Alle fünf Jahre trifft sich die Kunstszene in Kassel zur *documenta*.

Sie war immer einen Aufreger wert. Viele Künstler waren im Laufe der Jahre zu Gast. Christo, Joseph Beuys oder der chinesische Künstler und Bürgerrechtler Ai Weiwei. Es sind viele Kunstwerke in Kassel geblieben, und man ist auch ein klein wenig stolz auf all diese Objekte, die einst den Ruf Kassels in die Welt hinausgetragen haben.

Den Kunstrundgang durch die Stadt startet man am besten direkt vor dem Kulturbahnhof. Davor ragt der »Himmelsstürmer« in luftige Höhe, deren offizieller Name *Man walking to the Sky* lautet. Der Zankapfel der *documenta 14* im Jahr 2017 findet sich seit April 2019 in der Treppenstraße wieder: Das Mahnmal *Der Obelisk,* das mit der mehrsprachigen Aufschrift »Ich war ein Fremdling und ihr habt mich beherbergt« an die humanitäre Pflicht zur Aufnahme von Flüchtlingen erinnern sollte, wurde Ziel politischen Gezerres. Der Forderung der AfD-Fraktion im Stadtparlament zur Entfernung der »ideologisch polarisierenden, entstellten Kunst« folgte der Abbau am Königsplatz und ein anschließender Streit mit dem Künstler. Letztlich gelang es der Stadt sich mit Olu Oguibe auf den neuen Standort zu einigen.

Auf dem benachbarten Friedrichsplatz, direkt vor dem Museum Fridericianum, steht eine inzwischen recht stattliche Eiche. Sie war der erste Baum des Kunst- und Umweltprojekts *7000 Eichen – Stadtbewaldung statt Stadtverwaltung* von Joseph Beuys zur *documenta 7* im Jahr 1982. Beuys hatte 7.000 Basaltkegel auf dem Platz auftürmen lassen und bot allen, die wollten und 500 D-Mark zur Refinanzierung zahlten, die Chance, eine Eiche in Kassel zu pflanzen. Er ließ ihnen dann den dazugehörigen Basaltblock liefern, und der wurde vor dem Baum in die Erde versenkt. Es war mit 4,3 Millionen Mark einst die teuerste Kunstaktion der Welt, die sich aber nachhaltig ins Stadtbild integrierte.

Dreht man sich auf dem Friedrichsplatz um, sind es nur ein paar Meter zum Ausgangspunkt eines Kunstobjekts der *documenta 6*. 1977 schieden sich die Geister an Walter de Marias *Vertikalem Erdkilometer*. Wer davor steht, sieht nur eine Metallplatte und in deren Mitte die Spitze des fünf Zentimeter dicken Messingstabs, der das vorher senkrecht in die Erde gebohrte, einen Kilometer lange Loch wieder verschloss.

Gehen wir jetzt in Richtung Karlsaue. Vor dem Abstieg in den attraktiven barocken Landschaftsgarten passiert man auf der linken Seite das Staatstheater und die *documenta*-Halle. Unübersehbar steht hier die begehbare Stahlskulptur *Rahmenbau* der österreichischen Künstlerkooperative *Haus-Rucker-Co*. Von der Plattform des *Rahmenbaus* schaut man in die Karlsaue. Befände sich zwischen der Orangerie und dem dahinterliegenden Fuldaufer nicht ein schmaler Streifen von 55 Bäumen, könnte man von hier aus vermutlich sogar die *Spitzhacke* des Künstlers Claes Oldenburg sehen. Direkt an der Uferböschung steckt dieser überdimensional große Pickel in der Erde. Der Standort beruht auf einer genauen Berechnung Oldenburgs. Er sagte: »Wenn der über der Stadt thronende Herkules diese Spitzhacke ins Tal geschleudert hätte, wäre sie exakt an dieser Stelle gelandet.« Auch hier wird einem vermittelt, dass Kunst immer auch etwas mit Imagination zu tun hat.

18

documenta-Spaziergang durch die Innenstadt
Startpunkt: Kulturbahnhof e.V.
Rainer-Dierichs-Platz 1
34117 Kassel
0561 7399011
www.kulturbahnhof-kassel.de

Bar-Restaurant Bolero
Schöne Aussicht 1a
34117 Kassel
0561 45010632
www.kassel.bolerobar.de

Am gegenüberliegenden Rand der Aue stößt man auf ein Überbleibsel der *documenta 13*. *Idee di Pietra* ist eine etwa neun Meter hohe Bronzeskulptur in Form eines Baums. In einer Astgabel liegt ein großer Stein. Die Verbindung zur Natur besteht in einem kleinen, echten Baum, der direkt neben der Skulptur wächst.

Kunst ist kompliziert, mag man denken und macht am besten eine Verschnaufpause im Bolero, einer Mischung aus Bar, Restaurant, Bistro und im Sommer mit Ministrand. Hier lässt es sich nach intellektuell anstrengendem Ausflug entspannen.

Die Tourismusinformation Kassel bietet geführte Kunstspaziergänge an: www.kassel-marketing.de.

19

Staatspark Karlsaue
Auedamm 18
34121 Kassel
0561 31680600
www.museum-kassel.de

DAS HISTORISCHE GRÜNGEFÜHL

Staatspark Karlsaue

Welche deutsche Großstadt bietet die Chance, innerhalb von fünf bis zehn Minuten von der Haupteinkaufsstraße in ein großflächiges Naherholungsgebiet zu kommen und komplett im Grünen zu sein? Kassel und die Karlsaue machen es möglich. Von der Haupteinkaufsstraße läuft man über den Friedrichsplatz, am Staatstheater vorbei, und beginnt mit dem Treppenabstieg ins Grüne. Mit jedem Schritt bergab streift man etwas mehr Stress und Hektik ab.

Manchmal hat adlige Protzerei doch etwas Gutes. Heute kann man sich glücklich schätzen, dass Landgraf Karl, dem man auch den Herkules zu verdanken hat, auf der einstigen Insel zwischen Fulda und Kleiner Fulda einen barocken Landschaftsgarten schaffen ließ. Seine Vorgänger waren hier schon gartenarchitektonisch tätig und auch sein Entwurf war nicht von Ewigkeit. Der ursprünglich streng geometrisch angelegte Park wurde Ende des 18. Jahrhunderts aus Modegründen in einen englischen Landschaftsgarten verwandelt und bekam so sein heutiges Gesicht.

Der Park ist 1,5 Quadratkilometer groß, mit geraden, künstlichen Wasserflächen durchzogen, völlig eben und lädt heute zur Naherholung ein. In der Mitte der Wasserachsen befinden sich der Aueteich mit Schwaneninsel und klassizistischem Tempel. Der Park wird im Westen begrenzt durch die Insel Siebenbergen, einer Blumeninsel, die einem botanischen Garten ähnelt. Im Osten steht die Orangerie, die ebenfalls Landgraf Karl zwischen 1701 und 1710 errichten ließ.

Zusammen mit der am anderen Ufer der Fulda liegenden Fuldaaue bildet die Karlsaue die größte innerstädtische Parkanlage Deutschlands. 1955 und 1981 fanden in der Karlsaue Bundesgartenschauen statt. Auch dieser Tatsache ist es zu verdanken, dass die Kasseler ihre Aue so sehr schätzen. Gleich, ob zum Flanieren, Joggen oder zur Abendgestaltung bei Open-Air-Veranstaltungen im Sommer.

Wenn Sie der Innenstadt überdrüssig geworden sind, hilft ein Spaziergang in der Karlsaue. Sie versetzt in ein anderes Jahrhundert und entspannt.

20

Orangerie
Auedamm 20b
34121 Kassel
05624 99850
www.grischaefer.de/schloss-orangerie

DEKADENT UND SCHÖN

Orangerie

Sie ist der blicktechnische Dreh- und Angelpunkt der Karlsaue. Ein barockes Kleinod zur Aufwertung des Parks möchte man heute meinen. Landgraf Karl ließ die Orangerie zwischen 1701 und 1710 errichten. Sie war von Anfang an ein reiner Repräsentationsbau. Lediglich die beiden Eckpavillons wurden vom Grafenpaar als Sommersitz genutzt.

Es waren schon besondere Ansprüche, die der Graf da realisieren ließ. Der in der Mitte liegende Apollosaal diente hauptsächlich der Überwinterung der zahlreichen südländischen Pflanzen, ein Badehaus und der Sommersitz erfüllten ihren Zweck. Hauptsächlich aber sollte die Orangerie schön sein. Und schön, das ist sie heute wieder, nachdem sie von Jérôme Bonaparte als Lazarett missbraucht, von russischen Truppen bei der Befreiung Kassels beschossen, ab 1830 oberflächlich renoviert und von der Royal Air Force 1943 ausgebombt worden war. In den 1970er-Jahren wieder aufgebaut, wurde sie zum Vorzeigeort von *documenta* und Bundesgartenschau.

Auch wenn sie seit 1996 Heimat des Astronomisch-Physikalischen Kabinetts mit darin befindlichem Planetarium ist, bleibt die Hauptaufgabe der Orangerie, schön zu sein. Und ein wenig Dekadenz steht ihr gut. Seit einigen Jahren sorgen dafür die Orangerie-Gastronomiebetriebe.

Hier kann man im Sommer draußen sitzen, bis spät in den Abend die Angebote von Restaurant oder Bar genießen und »Menschen gucken«. Der Gartensaal ist zudem beliebt als Hochzeitslocation. Das Angebot ersetzt weder Stammkneipe noch Lieblingsrestaurant, aber es ist so schön, auf der Terrasse zu sitzen und bei einem Glas Weißwein oder Bier und einem leckeren Hamburger den Abend zu genießen.

Die Orangerie hat einen Pächterwechsel hinter sich und präsentiert sich jetzt hipper denn je, dank des Konzepts der lokalen Gastrostars aus der »Grischäfer-Dynastie« aus Bad Emstal.

21

Fuldaaue
Startpunkt: Parkplatz
Messegelände
Damaschkestraße
34121 Kassel
www.kassel.de

NATURSCHUTZ- UND WOHLFÜHLGEBIET

Fuldaaue

Das war nicht immer so, aber seit der Bundesgartenschau des Jahres 1981 freuen sich die Einwohner von Kassel über ein stadtnahes Naherholungsgebiet. Die ursprüngliche Kiesgrube im Stadtteil Waldau wurde zum BUGA-See. Dort schwimmt und grillt Kassel im Sommer, in harten Wintern läuft man Schlittschuh und zu allen Zeiten trifft man Spaziergänger, Jogger oder Bewegungsfreudige mit Nordic-Walking-Stöcken.

Das Motto der Bundesgartenschau sorgte vermutlich auch dafür, dass die Fuldaaue noch heute eines der Naherholungsgebiete der Stadt Kassel ist: »Das verändernde Verhältnis des Menschen zu seiner natürlichen Umwelt – vom rücksichtslosen Ausbeuter zum behutsamen Gestalter«. Behutsame Gestaltung heißt heute rund um den See zum einen kleine Strände und damit Badevergnügen, zum anderen, im nördlichen Teil, ausgewiesenes Naturschutzgebiet mit Brutstätten für Wasservögel. Darf man sich in einem Teil sonnen und am Abend auch feiern, so ist der geschützte Teil möglichst unzugänglich gestaltet. Es gibt lediglich einige Beobachtungsposten, zum Teil mit Bretterwänden versehen, in denen nur Gucklöcher den Blick auf den See und das Naturschutzgebiet freigeben. Der Erfolg gibt den Naturschützern recht. Hier brüten Eisvögel, Kormorane und diverse Gänsearten sind zu Gast.

Die Fuldaaue ist letztlich das Gegenstück zur gartenarchitektonisch abgezirkelten Karlsaue. Die BUGA 1981 betrat damit auch neue Wege: Weg von Blumenrabatten und hin zum Garten der Naherholung. Die Aue, wie der Kasseläner sagt, gibt Bewegungsfreiheit für alle. Für die Kleinen gibt es zudem noch einen bescheidenen Rodelberg und einen großen Abenteuerspielplatz.

Der künstlich geflutete See war also ein großer Glücksfall für Kassel und hat ein ehemals industriell genutztes Gebiet in einen großen Volkspark verwandelt.

Die Kombination aus Fuldaaue und Karlsaue macht den Reiz. Die mitten durch Kassel fließende Fulda trennt und verbindet gleichzeitig. Zwei Brücken machen das Gelände zum Rundwanderweg.

22

Grimmwelt
Weinbergstraße 21
34117 Kassel
0561 5986190
wwww.grimmwelt.de

DIE HEIMAT DER MÄRCHEN

Museum Grimmwelt

Einige hundert Meter von der Grimmwelt entfernt steht das Grimm-Denkmal. Wenn Jacob und Wilhelm sehen könnten, welch einzigartiges Haus man ihnen gewidmet hat, sie wären begeistert. Kassel und Nordhessen haben Jacob und Wilhelm Grimm unendlich viel zu verdanken. Umgekehrt wären die Grimm-Brüder sicher ohne die vielen Helfer und Märchenerzähler in Kassel und Umgebung nie zu der Fülle von Geschichten gekommen, die wir heute in den Kinder- und Hausmärchen nachlesen können. Nordhessen und die Grimms gehören zueinander. Dass die Tourismusregion sich seit geraumer Zeit »Grimm Heimat Nordhessen« nennt, kommt nicht von ungefähr.

Die Ansiedlung dort ist der Mutter zu verdanken, die ihre beiden Ältesten zwecks guter Erziehung zu ihrer Tante nach Kassel schickte. Sie absolvierten das Friedrichsgymnasium und begannen dann beide ein Jurastudium an der Universität in Marburg. Dort trafen sie auf historische Berühmtheiten wie Achim von Arnim und Clemens von Brentano. Sie brachten die Grimms auf die Idee, Märchen zu sammeln.

Aufräumen muss man mit der Vorstellung, Jacob und Wilhelm seien durchs Land gezogen und hätten die Märchen in mühsamer Kleinarbeit zusammengetragen. Zu Beginn des 19. Jahrhunderts waren sie in Kassel soweit arriviert, dass sie das nicht mehr nötig hatten. Die vielen Erzähler bestellten sie zu sich nach Hause. Auch die berühmte »Viehmännin« fand so den Weg ins nördliche Torhaus des Wilhelmshöher Stadttors, in dem Jacob und Wilhelm zusammen mit ihrer Schwester Lotte seit 1814 wohnten. Zwei Jahre zuvor war der erste Band der *Kinder- und Hausmärchen* erschienen. Jetzt arbeiteten die Grimms an Band zwei. Dieser erschien 1815 und beinhaltete zu fast einem Drittel Märchen aus der Erzählung Dorothea Viehmanns. Sie war eine intelligente Frau und nicht die angebliche Bauersfrau aus dem Vorort Zwehren, wie die Grimms im Vorwort des zweiten Bandes glauben machen wollten. Der hugenottischen Abstammung Viehmanns ist es zu verdanken, dass eine ganze Reihe von Märchen sowohl bei Grimm als auch beim französischen Märchensammler Charles Perrault auftauchen. Für den Besucher der Region erscheint es eher als reizvolle Anziehung. Bei allen Orten in Nordhessen, an denen vermeintlich Märchen angesiedelt sind, kann man natürlich nicht beweisen, dass sich eine solche Handlung tatsächlich zugetragen hat. Manch sprechender Wolf und manch anderes Zauberwesen sorgt für die Anregung der Fantasie. Und die Erzähltradition früher Jahre war Garant für die immer weitergehende Ausschmückung des Inhalts. Und so wurde aus Kindern, die in Bergwerken arbeiten mussten, schon mal eine Horde Zwerge.

Dem ehemaligen, traditionellen Grimm-Museum hat man 2015 adieu gesagt. Die Grimmwelt versteht sich als Wissens- und Erlebnislandschaft. Dafür hat man ein neues, repräsentatives Gebäude am Kasseler Weinberg errichtet. Die Macher sagen, in der Grimmwelt kämen die Brüder und ihre Märchen in der Jetztzeit an. Dieses Haus sei viel mehr als eine Ausstellung wertvoller Exponate ihres Schaffens. Dort findet man eine Vielzahl von Fakten und Artefakten aus dem Schaffen der Grimms und das geht ja weit über die Märchen hinaus. Das *Deutsche Wörterbuch* hat die Grimms in der Wissenschaft berühmt gemacht. Die Märchen sorgten für den weltweiten Massenerfolg. Zu Lebzeiten der beiden war es materiell genau umgekehrt: Als Professoren und Bibliothekare verdienten sie ihr Geld, die Märchen waren geliebtes Beiwerk.

Wer ein traditionelles Märchenmuseum erwartet, wird enttäuscht sein. In der *Grimmwelt* konzentriert man sich auf das literarische und sprachwissenschaftliche Schaffen der beiden. Schließlich gehört das von ihnen entwickelte und begonnene *Deutsche Wörterbuch* noch heute zu den sprachwissenschaftlichen Standardwerken. In 25 Bereichen lernt man das Werk der Grimms kennen. Auch ihr Künstlerbruder Ludwig Emil wird bedacht. Die Verbindung zu aktueller Kunst, wie der des chinesischen Künstlers Ai Weiwei wird ebenfalls hergestellt. Es ist ein interaktives Museum und gleichzeitig eines, das dem Anspruch Kassels als Kunststadt gerecht wird. Vieles erschließt sich erst auf den zweiten Blick. Er ist es wert.

Kinder und Haus-Märchen
Zweiter Theil.

23

Märchenviertel Niederzwehren
Viehmann-Haus
Märchenweg 11
34134 Kassel
www.hmv-niederzwehren.de

Die Grimms und die »Viehmännin«

Spaziergang durch das Märchenviertel in Niederzwehren

Die Märchensammler Grimm wurden zwar in Hanau geboren, einen Großteil ihres Lebens haben sie aber in Nordhessen verbracht und dort auch nach Erzählungen gesucht, um sie aufzuschreiben und damit der Nachwelt einen gigantischen Kulturschatz zu erhalten. Dies gelang ihnen nur mit Hilfe von Menschen der Region, die sie zu sich nach Hause bestellten. Eine der prominentesten Zuträgerinnen war die Gastwirtstochter Dorothea Viehmann. Die Legende sagt, die Grimms seien von Kassel aus über Land gezogen und hätten die Märchen gesammelt. Das ist falsch. Sie verließen sich auf zweite Quellen, sie trafen Menschen, die Märchen kannten. Dorothea Viehmann war eine solche Frau.

In der Vorrede der Märchenedition von 1815 kann man lesen: »Einer jener guten Zufälle aber war die Bekanntschaft mit einer Bäuerin aus dem nah bei Kassel gelegenen Dorfe Zwehrn, durch welche wir einen ansehnlichen Teil der hier mitgeteilten, darum echt hessischen Märchen […] erhalten haben.« Ihr sind mindestens 36 Märchen des zweiten Bandes der *Kinder- und Hausmärchen* zu verdanken. Die Tochter eines hugenottischen Wirts, dem das Gasthaus *Knallhütte* in Rengershausen, heute ein Stadtteil von Baunatal, gehörte, war in Niederzwehren verheiratet.

Der dortige Ortskern glänzt heute mit einem romantischen Märchenviertel und passenden Straßennamen. Die beiden »Viehmann-Häuser« stehen mittendrin. Sie sind mit Plaketten gekennzeichnet und leider in Privatbesitz. Einen Rundgang startet man am besten am Märchenplatz an der Kirche. Hier findet sich eine Viehmann-Büste.

Auch die *Knallhütte* gibt es noch. Sie steht leider fast direkt an der Autobahn (A 49) südlich von Kassel. Im Corona-Jahr 2020 musste das Lokal schließen. Bis zum Redaktionsschluss war über die angestrebte Nachfolge noch nicht entschieden. Im dortigen Biergarten steht ein Märchenbrunnen mit dem Denkmal für die Märchensammlerin.

Der Heimatverein Niederzwehren kümmert sich um das Vermächtnis der »Viehmännin« im Kasseler Stadtteil.

24

Brüder-Grimm-Festival Kassel e. V.
Park Schönfeld
Seebühne/Schönfelder Märchenteich
Frankfurter Straße
34121 Kassel
Tickets: 0561 7018722
www.brueder-grimm-festival.com

VERSCHOLLEN MIT HÄNSEL UND GRETEL

Brüder-Grimm-Festival im Park Schönfeld

Musikalischer Märchenspaß mit Grimm. Was 2008 auf der Insel Siebenbergen in der Karlsaue begann, ist zur festen Größe im nordhessischen Veranstaltungskalender geworden. 2014 zog das *Brüder-Grimm-Festival* auf die Seebühne im Park Schönfeld um. Bis zu 24.000 Besucher kamen in den letzten Jahren zum Theaterspaß insbesondere für die kleinen Zuschauer.

Sechs Wochen lang verwandelt sich die extra gebaute Seebühne in ein Open-Air-Musical-Spektakel. Der Grundstoff der Aufführungen ist stets einem grimmschen Märchen entliehen. Allerdings wird es neu interpretiert und umgesetzt. Michael Fajgel betreut das Festival seit Beginn, schreibt die Stücke selbst und reichert sie auch mit Pop-Songs an, die neue Texte bekommen. Er setzt damit auch im Sommer auf das Konzept, das er seit Jahren mit Erfolg auf der Bühne seines *Theaters im Centrum* präsentiert.

Neben dem Aschenputtel-Klassiker *Cinderella* wurde auch schon die Geschichte *Schneewittchen und die Piraten der 7 Berge* aufgeführt und eine Adaption der Fernsehserie *Lost* à la Grimm: *Lost – Hänsel und Gretel*. Der Rumpelstilzchen-Stoff verwandelte sich durch den Goldrausch in ein Westernmusical mit einer im Kanu anreisenden Hauptfigur, die an den Lederstrumpf erinnert. Die Interpretation der *Bremer Stadtmusikanten* schließlich setzte auf ein neues Verständnis um die Solidarität zwischen den so unterschiedlich tickenden Tierakteuren.

Ist es Grimm im neuen Gewand? Die versteckte Aufforderung, den Märchenstoff neu und anders zu lesen? In vielen grimmschen Märchen, so die Veranstalter, steckt mehr Lebensweisheit, als man gemeinhin vermutet. Zudem sei sie sehr wohl in die heutige Welt übertragbar. Das Grimm-Festival, das jedes Jahr sein Stück auch zu einer Partnerstadt in der Region bringt, ist das Highlight für das breite Publikum und zudem ein kultureller Magnet mitten in den Sommerferien.

Das Musical findet während der Theaterferien statt, meist im Juli und August. Karten fürs Wochenende sollten vorbestellt werden.

25

Botanischer Garten
Bosestraße 15
34121 Kassel
0561 7877005
www.botanischer-garten-kassel.de

DAS WECHSELBAD DES GRÜNS

Botanischer Garten

Ich habe eine Weile gebraucht, um den Botanischen Garten der Stadt Kassel zu entdecken. Dabei liegt er doch so idyllisch am Schlösschen Schönfeld und dem benachbarten Park Schönfeld. Auf den ersten Blick könnte man das Gelände auch für das halten, was es zwischenzeitlich war: ein Teil des Betriebs des Städtischen Bau- und Gartenamts. Das ist auch heute noch hier angesiedelt, deshalb mag man den Eingang übersehen.

Das Wechselbad des Grüns führt hier durch die Jahreszeiten. Am Eingang gleich links befindet sich ein »Minitempel«, der wohl von den benachbarten Grimm-Festspielen übrig geblieben ist. Als Sichtachse führt eine Lindenallee in Spalierform einmal durch die kleine aber feine Anlage. Alles, was man findet, ist letztlich neueren Ursprungs, auch wenn manches an die glorreiche Vergangenheit erinnert. Über 100 Jahre alt ist er, der Botanische Garten, wenngleich man 21 Jahre abziehen müsste.

Denn die Sparwut der Stadt Kassel sorgte 1982 dafür, dass der Garten in eine Grünanlage zurückgebaut wurde und erst durch die Bemühungen eines privaten Vereins 2003 auferstand. Beim Wiederaufbau hielt man sich zunächst an die Anlagengestaltung der 1950er-Jahre, mit einem Stauden-, einem Rosen-, und einem Heilkräutergarten. Aber es gibt auch Neugründungen wie die Farnschlucht oder ein Kakteenhaus. Fasziniert bin ich bei jedem Besuch vom Glaskasten mit den fleischfressenden Pflanzen.

Mein Lieblingsplatz ist der Teich, mit Bänken, etwas abseits und sehr ruhig gelegen. Im roten Klinker-Pavillon, gleich neben dem Heilkräutergarten, befindet sich eine Bibliothek für Jedermann. Buch aussuchen, zum Teich gehen, lesen und am Ende der Pause einfach wieder ins Regal stellen. Ja, der Garten wird mit botanischer Akribie betrieben, das Idyll stellt sich aber auch ohne Fachkenntnis ein.

Schön am Botanischen Garten: Trotz aller Finanzierungsnot verlangt der Park keine Eintrittsgebühr.

KREIS KASSEL

26

Schloss Wilhelmsthal
34379 Calden
05674 6898
www.museum-kassel.de

EIN LEBENDIGES SCHLOSS

Schloss Wilhelmsthal

Es gilt als eines der schönsten Rokokoschlösser Deutschlands. Die Pracht liegt, glaubt man den Experten, im Innern. Hatte doch Wilhelmsthal den gleichen Innengestalter wie Schloss Sanssouci in Potsdam. Hauptsächlich aber steht es für den majestätischen Bauwahn der hessischen Landgrafen. Noch ein Sommersitz der Herrschaft in der Verlängerung nach Norden von Schloss Wilhelmshöhe.

Das Schloss mag architektonisch bedeutend sein, die Führungen mögen besonders treffend das Leben der Adligen im 18. Jahrhundert darstellen, für mich ist Wilhelmsthal auf ganz andere Weise wertvoll. Zum einen ist es angenehm weit entfernt vom sommerlichen Trubel, der im Bergpark Wilhelmshöhe rund um Schloss und Herkules tobt. Zum anderen verbinde ich mit Wilhelmsthal wunderschöne Konzerterlebnisse.

Der Schlosspark ist ein fester Spielort unterschiedlicher Musikereignisse des Kultursommers Nordhessen mit musikalischen Picknicks bis zu Solokonzerten von Künstlern aus dem Bereich der populären Musik. Man sitzt im Park, der Zugang ist gesäumt von edlen weißen Zelten mit Verkaufsständen von Champagner bis zu feinem Fingerfood. Auf der Bühne steht meist ein Künstler ganz allein. Eindrucksvoll war zum Beispiel Chris de Burgh, allein mit zwei Gitarren. Natürlich verträgt sich auch Kammermusik mit dem Ambiente von Schloss und dazugehörigem Park.

Nach vielen Jahren des Schattendaseins hat das Land Hessen viel Geld in die Renovierung von Schloss, Park und dem dort stehenden Wartturm gesteckt. Der Turm ist nach vielen Jahren endlich wieder besteigbar. In kultureller Hinsicht gibt es ebenfalls Lichtblicke, wie zum Beispiel das jährliche Eröffnungsevent des *Kultursommers Nordhessen* einem Kulturfestival an über 20 Spielorten in der Region.

Im Schlosspark findet seit Jahren, immer im Mai, ein großes Gartenfest mit Verkaufsausstellung statt.

27

Landfleischerei Koch
Mittelstraße 6
34379 Calden
05674 6106
www.landfleischerei-koch.de

WURSTEHIMMEL

Landfleischerei Koch

Wer Ahle Wurst oder auch Wurscht mag, findet in Calden den Himmel auf Erden. In der Landfleischerei Koch wird seit 1877 das hergestellt, was dem Nordhessen schmeckt: Ahle Wurst in allen Variationen von der Stracken über die Dürre Runde bis zum Feldkieker. Eine gute Ahle Wurst braucht viel Zeit, bis sie fertig ist. Das Rezept hält jeder Metzger streng geheim. Generell gilt, dass schlachtfrisches Schweinefleisch, Speck und Gewürze in den Naturdarm kommen und dann reift die nordhessische Spezialität je nach Sorte zwischen zwei Monaten und einem Jahr im »Wurstehimmel« ihrer Perfektion entgegen.

Die Verantwortung hat inzwischen mit Fleischermeisterin Katharina Koch die sechste Generation übernommen, aber Papa Thomas Koch mischt immer noch gerne mit und erklärt im »Wurstehimmel« allzu gern, wie die Spezialitäten hergestellt werden. Er war und ist ein findiger Geschäftsmann und ein origineller Vermarkter. Schlagzeilen machte er 2007 mit seiner »Kunsthunger Wurscht«. Das Schlüsselerlebnis dazu fand einige Jahre zuvor statt, als Joseph Beuys bei Kochs Vater Gehacktes und Ahle Wurst probierte. Die damals geschossenen Fotos, zusammen verpackt mit den Feldkiekern in Form des damaligen *documenta*-Logos, machten seine Wurst zum Renner der *documenta 12*. Als Beuys verkleidet verkaufte Thomas Koch seine »Kunsthunger Wurscht« vor Schloss Wilhelmshöhe.

Er bezeichnet sich gern als Kulturmetzger und so passt es ganz selbstverständlich ins Bild, dass Tochter Katharina neben der Meisterprüfung auch ein Politologie-Diplom der Pariser *Sorbonne* vorweisen kann. Universität und Leidenschaft zur »Ahlen Wurst« schließen sich nicht aus. Letztlich geht es um Qualität und deshalb kommt bei Kochs auch das Schweinefilet mit in die Wurst. Man schmeckt es.

Die Besichtigung des »Wurstehimmels« ist kostenfrei. Es gibt nach Voranmeldung unterschiedliche Führungen durch die Dachkammern, wahlweise ohne oder mit Wurstprobe (kostenpflichtig).

28

Wasserschloss Wülmersen
34388 Trendelburg
05675 7210818
www.wasserschloss-wuelmersen.de

Café Mehlschwalbe
34388 Trendelburg
05675 7210816
www.mehlschwalbe-cafe.de

AUF DEM TROCKENEN

Wasserschloss Wülmersen

Das mit dem Wassergraben ist schon lange her. Aber auch heute noch liegt das Hofgut Wülmersen malerisch in den Diemelauen nördlich von Trendelburg. Erstmals erwähnt wurde es im Jahr 1108.

Das Bauwerk diente zu Beginn als Bauernhof zur Versorgung des Klosters Helmarshausen. Die vorhandene Bausubstanz bildete sich in vielen Etappen zwischen dem 14. und 19. Jahrhundert. Das sogenannte Wasserschloss entstand erst nach dem Dreißigjährigen Krieg, als man zum Schutz des Gutshofs einen Wassergraben zog. Das Gelände war aber immer weit entfernt vom Standard eines wirklichen Schlosses, fand nie große Beachtung und verfiel zusehends. Daran änderte auch die Besiedlung einiger Gebäude mit heimatvertriebenen Familien nach 1945 nichts. Wülmersen wurde erst ab 1987 restauriert, als der Landkreis Kassel die Anlage kaufte und Stück für Stück in einen Ausflugsort für Klassenfahrten und Familien umbaute.

Inzwischen hat sich Wasserschloss Wülmersen in ein beliebtes Freizeitziel verwandelt. Im ehemaligen Stallgebäude befindet sich ein Landmuseum, das alte Maschinen und Ausstellungen zu Agrartechnik und Volkskunde der Region präsentiert. Für weitere Attraktivität sorgen das *Café Mehlschwalbe* mit einem schönen Kaffee- und Biergarten. Der Schmandkuchen mit Zimt ist wundervoll. Es warten aber auch herzhafte Vesperangebote. Kulturelle Veranstaltungen ergänzen das Angebot.

Letztlich ist es aber die wunderschöne Umgebung des malerischen Ensembles im Diemeltal, die man erwandern oder mit dem Rad auf dem Diemelradweg erkunden kann. An Wochenenden lässt sich die Radtour auch mit einer Rückfahrt von Wülmersen nach Trendelburg oder Bad Karlshafen kombinieren. Die Busse haben kostenfreie Fahrradträger.

Für Wassersportler: Kanu Schumacher in Trendelburg bietet Kanuausflüge und -pauschalen auf der Diemel an. Ein Spaß auch für Anfänger. www.kanu-schumacher.de.

29

Hotel-Burg Trendelburg
Steinweg 1
34388 Trendelburg
05675 9090
www.burg-hotel-trendelburg.com

RAPUNZEL, LASS DEIN HAAR HERUNTER

Trendelburg

Frau ist süchtig nach Rapunzelsalat. Mann stiehlt Salat und verschenkt deshalb ungeborene Tochter. Zauberin nennt sie Rapunzel, zieht sie groß und sperrt sie in einen Turm. Tochter singt und zieht Königssohn an. Dieser ist geblendet von ihrer Schönheit und wird geblendet von der Zauberin. Er irrt blind durch den Wald, trifft Rapunzel, gesundet durch ihre Tränen und wenn sie nicht gestorben sind …

Glaubt man den Mythen, saß Rapunzel im 38 Meter hohen Bergfried der Trendelburg, ließ von dort ihr goldenes Haar herab und stürzte damit ihren Liebhaber ins Unglück.

Der Ausflug dorthin führt in eine wahrhaft zauberhafte Umgebung. Märchenlaternen mit Scherenschnitten der Grimm-Märchen und Sagen des Reinhardswaldes stehen im Ortskern der Gemeinde Trendelburg. Und natürlich lässt Rapunzel in den Sommermonaten sonntags ihr Haar vom Burgturm zum Prinzen herunter, inklusive anschließender Autogrammstunde. Burghof und Rapunzelturm laden zur Besichtigung ein, das Burghotel zum Schlemmen und Nächtigen.

Wie verzaubert die Burg ist, manifestiert eine Sage, die den Kreis der drei Burgen im Reinhardswald schließt. Namensgeberin soll die Riesin Trendula gewesen sein. Sie und ihre Schwestern Saba und Brama stammen vom Riesen Kruko ab, der auf der Krukenburg zu Hause war. Nach dessen Tod wurden Brama und Saba brave Christinnen. Die Heidin Trendula war eifersüchtig und erwürgte ihre Schwester Saba. Der göttliche Zorn darüber soll so groß gewesen sein, dass ein Blitz vom Himmel fuhr, Trendula tötete und ein Loch mit rund 450 Metern Umfang hinterließ. Es ist der »Nasse Wolkenbruch« in der Nähe der Gemeinde Trendelburg, ein schwer zugänglicher Trichter mit einem See in 45 Metern Tiefe. Der Blitz ist im Übrigen auch viel einfacher zu erklären als die geologische Variante vom Subrosionstrichter und herausgelöstem Gestein im Untergrund.

Das Burghotel veranstaltet ganzjährig Märchendinner. Ein Papiertheaterspektakel des Künstlers Albert Völkl begleitet das Viergangmenü.

30

Dornröschenschloss Sababurg
(April–Oktober)
im Reinhardswald
34369 Hofgeismar
05671 8080
www.sababurg.de

EWIGER SCHLAF IM REINHARDSWALD

Dornröschenschloss Sababurg

»… und um das ganze Schloss zog sich eine Dornhecke hoch und immer höher, sodass man gar nichts mehr davon sah. Prinzen, die von dem schönen Dornröschen gehört hatten, kamen und wollten es befreien, aber sie konnten durch die Hecke nicht hindurch dringen, es war, als hielten sich die Dornen fest wie an Händen zusammen, und sie blieben darin hängen und kamen jämmerlich um.«

Die Sababurg im Reinhardswald, nördlich von Hofgeismar, ist heute sicher einer der bekanntesten Märchenorte in der Grimmheimat Nordhessen. Auf der Fahrt fühle ich immer noch die Beklemmung, die den Prinzen im Märchen beschlichen haben muss. Finster kommt er daher, der Urwald auf dem Weg zur Burg. Er war Hessens erstes Naturschutzgebiet. Uralte Eichen und Rotbuchen sowie meterhohe Farne zieren die 92 Hektar große Fläche. Die Geschichte der Burg geht zurück bis ins 14. Jahrhundert. Die Mär vom »Dornröschenschloss« muss aber erst im Dreißigjährigen Krieg entstanden sein. Da verfiel die Ruine in den wildromantisch-verwachsenen Zustand, der dem Volksmund den Stoff vom 100 Jahre schlafenden Dornröschen gab. Bereits im 16. Jahrhundert soll die Burg tatsächlich von einer Dornenhecke umgeben gewesen sein.

An solche Zeiten fühlte ich mich beim letzten Besuch erinnert. Nach einem Streit mit dem Pächter hat das Land Hessen jetzt die Burg komplett übernommen und mit einer umfangreichen Renovierung begonnen. Darunter leidet die Atmosphäre erheblich, auch wenn es im Sommer am Samstag eine Theateraufführung gibt und sonntags eine persönliche Begegnung mit Dornröschen und Prinz angeboten wird. Das kulinarische Angebot musste auf einen Foodtruck reduziert werden. Die Kaffeeterrasse wirkt nicht sehr einladend, Hotel und Restaurant sind geschlossen. Die Pläne sind groß und ihre Realisierung wird Jahre dauern.

Trotz vieler Bemühungen: Gute Nacht Dornröschen, das hast Du nicht verdient!

Eine kostenfreie Besichtigung des Außengeländes ist von April bis Oktober am Wochenende möglich.

31

Tierpark Sababurg
Sababurg 1
34369 Hofgeismar
05671 7664990
www.tierpark-sababurg.de

PINGUINE UND BÄREN MIT ZORROMASKE

Tierpark Sababurg

Man staunt, denn hier findet sich der älteste deutsche Wildtierpark. Seine Geschichte geht zurück bis ins Jahr 1571 und ist dem hessischen Landgrafen Wilhelm IV. zu verdanken. Er war naturwissenschaftlich interessiert, aber um ehrlich zu sein, ging es hauptsächlich um die Jagd. Bei all der Historie ist der Tierpark heute ein großes Freizeitvergnügen, mit dem man seinen Kindern den Besuch der Sababurg schmackhaft machen kann.

Hier setzt man nicht auf den normalen Zoobetrieb. Das beginnt schon mit der Fläche. Auf 130 Hektar sind 80 Tierarten zu Hause. Der Schwerpunkt liegt dabei auf heimischen Arten und man findet sogenannte Rückzüchtungen wie Wisente, die zur Familie der Bisons gehören, Auerochsen und Pferderassen wie den Tarpan, das europäische Wildpferd, oder das vom Aussterben bedrohte Exmoorpony.

Es ist faszinierend, Tiere kennenzulernen, die es fast nicht mehr gibt. Es ist noch faszinierender, Tieren zu begegnen, die man theoretisch auch außerhalb des Parks im Wald treffen könnte, Waschbären zum Beispiel. Die Kerlchen mit der Zorromaske, hier kann man sie genießen und possierlich finden. Ansonsten sind sie ja im Raum Kassel, der »Waschbärenhauptstadt« Deutschlands, eher zur Plage geworden. Und dann wären da noch Hirsche und Luchse und Wölfe und viele andere.

Und wo bleibt das Vergnügen, mal so neben dem spannenden Beobachten? Die Exoten in der Wasserwelt sind putzig: Die Humboldtpinguine, eigentlich in Chile zu Hause, gehören zu den Stars des Tierparks. Dann gibt's natürlich den Kinderzoo. Unter dem Motto »Streicheln erlaubt« ist der Nachwuchs schnell auf Du und Du mit Zwergziegen. Der Park hat auch reichlich Potenzial für die Kindergeburtstagsparty. Dann sind da noch der Bauernhof, die Greifvogelstation, der Spielplatz und das Museum. Hier kann man, als Höhepunkt, Bekanntschaft mit den Tieren aus den grimmschen Märchen machen. So schließt sich der Kreis zum märchenhaften Reinhardswald.

Der Tierpark ist mit der Buslinie 190 von Hofgeismar aus gut erreichbar. Am Wochenende fahren die Busse mit Fahrradträgern.

32

Krukenburg
Am Krukenberg 5a
34385 Bad Karlshafen-
Helmarshausen
01578 369729001
www.heimatverein-
helmarshausen.de/
krukenburg.html

KIRCHENBURG ALS KLOSTERSCHUTZ

Krukenburg

Ein besonderes Kleinod unter den nordhessischen Burgen ist die Krukenburg. Sie fällt, gestern wie heute, aus dem Rahmen. Außerdem ist die Sagenwelt des Reinhardwaldes nur mit dieser Anlage komplett. Der Riese Kruko, Vater der drei Töchter Brama, Saba und Trendula, soll hier gelebt haben. So wurden der Riese und seine Nachkommen zu Namensgebern der drei Burgen der Region – und das lange bevor Dornröschen und Rapunzel auf ihren Burgen einzogen.

Die Krukenburg am Rande des Reinhardwaldes ist vergleichsweise unbekannt, wenn man sie mit der Sababurg und der Trendelburg vergleicht. Sie steht oberhalb des Dorfes Helmarshausen, einem Stadtteil von Bad Karlshafen, auf dem Waltersberg, etwa 80 Meter über der Diemel. Sie ist nicht nur die älteste der drei Burgen, sondern auch eine bauhistorische Ausnahme. Im Zentrum der Ruine findet sich eine Kirche, deren Grundriss in Form eines Kreuzes um eine Rotunde herum gebaut wurde. Großes Vorbild für diesen Bau soll die Grabeskirche in Jerusalem gewesen sein. Ein Abt soll die Pläne von einer Wallfahrt mitgebracht haben. Die Burg wurde ausschließlich zum Schutz der Kirche und des Klosters Helmarshausen errichtet. Nach vielen Streitereien zwischen hessischen Landgrafen und dem Erzbistum Paderborn zwischen 1330 und 1597 verfiel sie im 17. Jahrhundert, offensichtlich aus Desinteresse.

Erst in den 1970er-Jahren begann man mit der Renovierung. Unbedingt empfehlen möchte ich die Besteigung des Bergfrieds, der erst seit dieser Restaurierung wieder zugänglich ist. Bei klarem Wetter sieht man über Diemel, Weser und Karlshafen bis weit ins südliche Niedersachsen. Wer einkehren möchte, findet am Fuße der Ruine das *Café zur Krukenburg*. Als Überraschung wartet dort auch die *Weser-Galerie* mit Fotokunst und der hauseigene Antiquitätenhandel.

Ein steiler Fußweg führt von Helmarshausen zur Burg. Mit dem Auto ist sie über die B83 und den Graseweg in Kol Nollendorf erreichbar.

33

Bad Karlshafen
Rund um Kur- und Touristikinfo
Hafenplatz 8
34385 Bad Karlshafen
05672 9226104
www.bad-karlshafen-tourismus.de

Deutsches Hugenotten-museum
Hafenplatz 9a
34385 Bad Karlshafen
05672 1410
www.hugenotten-museum.de

FRANZÖSISCHES AN DER WESER

Spaziergang durch die Stadt

Bad Karlshafen ist eindeutig die nördlichste hessische Stadt. Man sollte besser Städtchen sagen, denn für den Besucher reduziert sie sich auf das barocke Zentrum an der Mündung der Diemel in die Weser. Diese Ortsmitte ist sehr übersichtlich, aber optisch attraktiv.

Berühmt wurde Bad Karlshafen eher volkskundlich-religiös. 1699 vom Landgrafen Carl von Hessen-Kassel gegründet, ist die Stadt nicht nur für ihre barocke Anlage, sondern hauptsächlich als Stadt der Hugenotten, also französisch-protestantischer Glaubensflüchtlinge, bekannt. Der Landgraf hatte ehrgeizige Pläne und war den Hugenotten gegenüber ausgesprochen großzügig. Die barocke Stadtanlage mit parallel verlaufenden Straßenzügen ist ein Musterbeispiel für eine historische Stadt aus der Retorte. Hier spazieren zu gehen, ist für mich eine Zeitreise: Alte Häuser, alte Läden und wunderbar altmodische Gasthöfe finden sich in der Innenstadt. Der Landgraf hatte den Plan, die Stadt Hann. Münden um ihre Zölle zu bringen. Der Landgraf-Carl-Kanal sollte deshalb direkt von der Weser bis nach Kassel führen. Das Projekt, das 1710 begonnen wurde, blieb allerdings bereits nach 17 Kilometern stecken. Eine Schleuse führte von der Weser ins städtische Hafenbecken, direkt vor dem Rathaus. Genau dieser Hafen war aber 90 Jahre lang nicht in Betrieb, leer und unansehnlich. Seit Mai 2019 gibt es wieder Leben. Eine neue Schleuse war gebaut worden und jetzt hofft die Stadt an der Weser auf Sportboote, die im wiedererstandenen Hafen anlegen und ihre Besitzer, die den besonderen Charme des Hugenottenstädtchens genießen. Eine Investition in die touristische Zukunft soll der Hafen sein, da Kurbetrieb und Abwanderung zur großen Sorge wurden.

Karlshafen teilt die finanziellen Probleme mit vielen anderen Badeorten. Lediglich die Weser-Therme arbeitet einigermaßen rentabel und erschließt die Gesundheitskräfte des Soleheilbads.

Das Hugenottenmuseum gibt einen Überblick über Flucht, Geschichte und neues Leben in Nordhessen.

Alpenpfad am Hohen Dörnberg

34

Hessencourrier e. V.
Fahrt nach Naumburg
Start am Bahnhof Kassel:
Johanna-Waescher-Straße 9
34131 Kassel
0561 581550
www.hessencourrier.de

VOLLDAMPF VORAUS

Hessencourrier ab Marbachshöhe

Das ist keine falsche Schreibweise. Die erste Museumseisenbahn Deutschlands nennt sich so. Da taten sich im Jahr 1970 Leute zusammen, um Eisenbahn zu spielen. Allerdings spielten sie mit einer großen Eisenbahn. Es war auch keine elektrische, der Dampf hatte es den Bahnfreunden angetan! Die *Eisenbahnfreunde Kassel* machten den Anfang mit dem Kauf von zwei heruntergekommenen Personenwagen der Kassel-Naumburger Eisenbahn. Die mussten erst einmal restauriert werden. Und so kam dann ein Wagen zum anderen, es wurden Dampf- und Dieselloks erstanden und restauriert. Das Bemerkenswerte am *Verein Hessencourrier* ist die Tatsache, dass alle anfallenden Arbeiten von den Mitgliedern selbst erledigt werden. Daraus dürfte klar hervorgehen, dass man es mit einem aufrechten Häuflein von Fans zu tun hat, die man alleine schon wegen Verdiensten für die Bahngeschichte der Region unterstützen muss. In der Geschichte des Hessencourrier gab es viele Höhepunkte, aber noch mehr Rückschläge. Immerhin – heute gibt es einen eigenen Bahnhof an der Marbachshöhe in der Nähe des ICE-Bahnhofs Wilhelmshöhe und als technisches Zentrum die Werkstatt am anderen Ende der Route in Naumburg.

Nachdem 1992 die Stilllegung der Gleise verhindert werden konnte, fahren in regelmäßigen Abständen die Museumszüge des Hessencourrier auf der knapp 34 Kilometer langen Strecke. Wer in Dampfnostalgie schwelgen möchte, dem kann man die Fahrt nur wärmstens empfehlen.

Das, was man bekommt, ist die berühmte Eisenbahnromantik in Reinkultur. Die Fahrten sind eng verknüpft mit Veranstaltungen und Aktionen der Region, sodass man neben dem Bahnerlebnis auch immer ein Stück regionaler Nähe spürt – von der Märchenfahrt über den Naumburger Apfelmarkt bis zur Eröffnung von Wanderwegen und der beliebten Glühweinfahrt in der Weihnachtszeit. Der Hessencourrier ist immer dabei und macht die vielen Bahnfans glücklich.

Es gibt einen Radweg parallel zur Strecke. So kann man die Fahrt nach Naumburg per Fahrrad machen und mit dem historischen Zug zurückfahren.

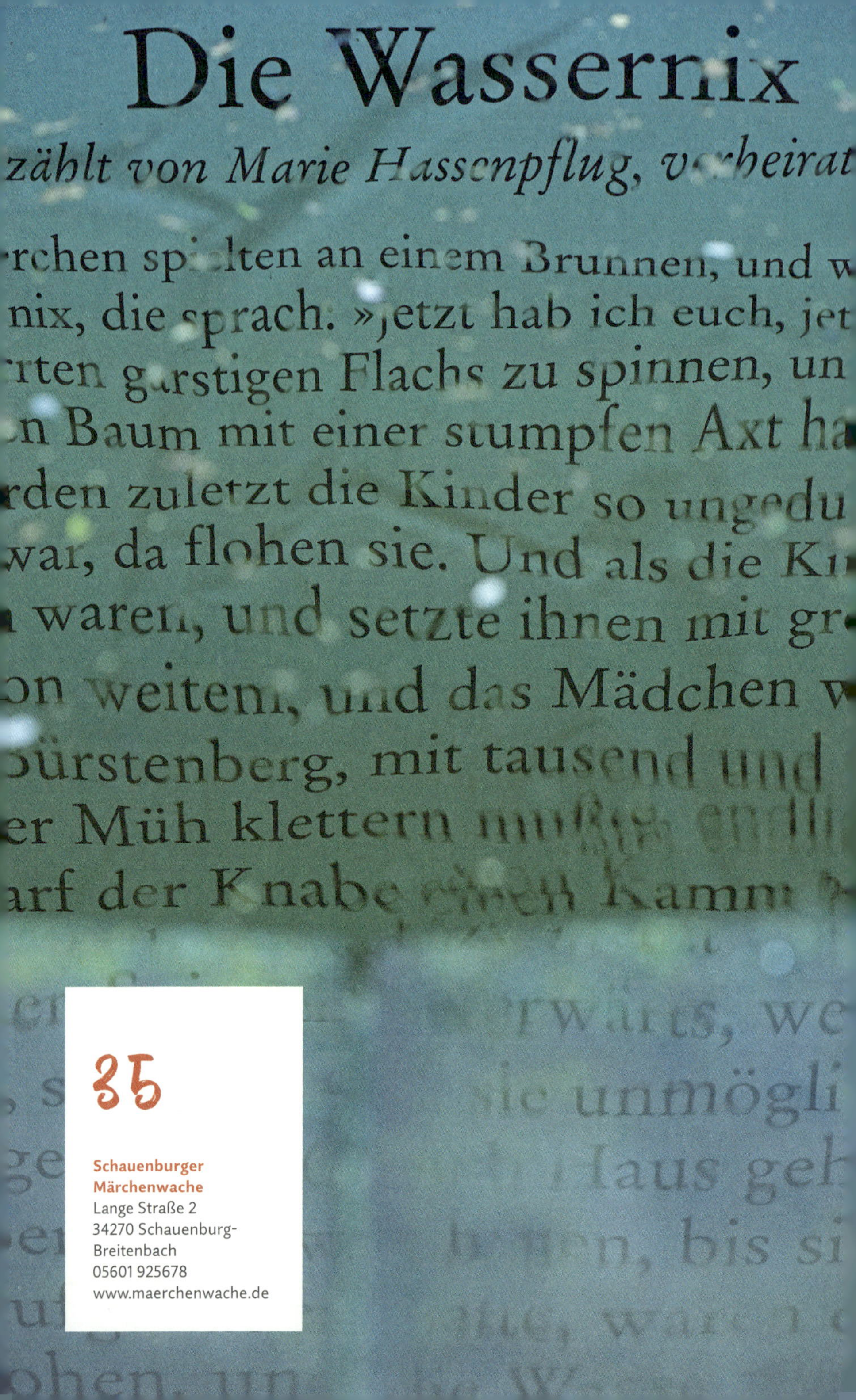

35

Schauenburger Märchenwache
Lange Straße 2
34270 Schauenburg-Breitenbach
05601 925678
www.maerchenwache.de

DIE »MUTTER« VON ROTKÄPPCHEN

Kulturgalerie Märchenwache in Breitenbach

Kann die Feuerwehr zur Literaturgeschichte und deren Bewahrung beitragen? Sie kann. Die Schauenburger Märchenwache ist die alte Feuerwache des Ortsteils Breitenbach. Ihre Gründung und Ausgestaltung ist zum größten Teil dem Kasseler Künstler Albert »Ali« Schindehütte zu verdanken. Entstanden ist eine Mischung aus Galerie, Museum und Kulturtreffpunkt mitten auf dem Land.

Wer an einem Sonntagnachmittag nach Breitenbach fährt, findet die Märchenwache geöffnet. Das Dörfchen hat damit seit 1997 so etwas wie einen kulturellen Mittelpunkt. In der Märchenwache sind Werke des Gründers Schindehütte zu sehen, in der Hauptsache dient das Gebäude aber als Veranstaltungsraum für Lesungen und Konzerte. Der Förderverein will mit der Wache zweier Personen gedenken, ohne die, ähnlich wie Dorothea Viehmann, die Brüder Grimm ziemlich auf dem Trockenen gesessen hätten. Es handelt sich um Marie Hassenpflug, verheiratete von Dalwigk, die mit ihrer Familie in der benachbarten Ortschaft Hoof wohnte, und den Quartiermeister Johann Friedrich Krause aus Breitenbach selber. Maries Bruder war mit Lotte Grimm, der Schwester der Märchensammler, verheiratet, und so lernte sie auch Jacob und Wilhelm kennen. Man unterhielt sich über Märchen, und Marie soll den beiden etwa 20 Märchen erzählt haben. Darunter waren Klassiker wie Dornröschen oder Rotkäppchen. Über diesen Kontakt lernten die Grimms auch Johann Friedrich Krause kennen, der ihre Sammlung um weitere Geschichten gegen das Honorar von je einer abgelegten grimmschen Hose pro Märchen erweiterte.

Albert Schindehütte und der Märchenforscher Heinz Rölleke brachten diese Dinge zutage und waren der Anlass zur Gründung der Märchenwache. Die Dauerausstellung beschäftigt sich mit den beiden Erzählern. Der Museumsteil dokumentiert aber auch das grimmsche Schaffen.

Breitenbach liegt direkt an der Bahnstrecke des Hessencourrier. An Fahrtagen lässt sich das Bahnerlebnis auch mit einem Besuch der Märchenwache verbinden.

36

Der Grischäfer
Kasseler Straße 78
7734308 Bad Emstal-Sand
05624 99850
www.grischaefer.de

SCHLEMMEREIEN DER BESONDEREN ART

Restaurant *Der Grischäfer* in Sand

Eine gastronomische Institution ist er, der Grischäfer, seit vielen Jahren im Bad Emstaler Ortsteil Sand. Die neue Generation der Gastronomen hat den Namen zu einem kleinen Imperium der originellen Kulinarik in der ganzen Region ausgebaut. Angefangen hat aber alles im eigentlichen Gasthof, der insbesondere im Sommer durch seinen außergewöhnlichen Garten besticht.

Bisher fragte noch jeder, wo denn der ausgefallene Name herkomme. Eigentlich ist das einfach zu beantworten, wenn man das Hauswappen gesehen hat und die Geschichte dazu kennt. Ein Schäfer und zwei Lämmer zeigt das Hauszeichen und will damit an Heinrich Gries erinnern. Gries war im 19. Jahrhundert Schäfer und Schankwirt in Sand. Aber wie das mit den Namen und der Aussprache so ist, wurde das »S« im Namen Gries schon bald verschluckt und aus dem »Gries-Schäfer« wurde der »Grischäfer«. Das alte Gasthaus hat ausgedient. Seit einigen Jahren stehen dem Betrieb Rainer und Frank Holzhauer vor. Neben dem klassischen Gasthof mit lokalen Spezialitäten und wirklich guter neuer deutscher Küche haben sie sich der Event-Gastronomie an unterschiedlichen Plätzen der Region verschrieben. Auch das Kaskadenrestaurant unterhalb des Herkules gehört zu diesem Angebot.

Nun sind Events wie die Mittelalterliche Tafeley nun wirklich nicht mein Ding. Aber wenn der Sommer kommt, fahre ich gerne mal abends über die Dörfer nach Sand und genieße gemütliche Freigastronomie im Grischäfer'schen Biergarten. Hier warten Klassiker auf der Karte wie ein hervorragendes Wiener Schnitzel mit Kartoffelsalat oder auch, ganz nordhessisch, das Schmandkotelett mit Bratkartoffeln.

Man lässt sich gerne nieder und wer am Ende des Schlemmens noch Platz im Magen hat, sollte unbedingt die hausgemachte Crème Brûlée probieren.

Das zum Restaurant gehörende Hotel gleichen Namens wurde von der Reisezeitschrift Geo-Saison unter die 20 besten Landhotels in Deutschland gewählt.

37

Alpenpfad am Dörnberg
Startpunkt: Naturparkzentrum Habichtswald
Auf dem Dörnberg 13
24280 Zierenberg
05606 533266
www.naturpark-habichtswald.de

FERNSICHT VOM FEINSTEN

Alpenpfad am Dörnberg

Ja, richtig gehört, mitten im Habichtswald rund um den Dörnberg gibt es ihn seit Beginn der 1950er-Jahre. Der Alpenpfad ist ein wunderbarer Wanderweg, der ohne große Steigungen zu bewältigen ist und der auf seinen etwa fünf Kilometern Länge manche Überraschung bereithält. So ist es kein Wunder, dass halb Kassel an sonnigen Tagen dort unterwegs ist. Umso erstaunlicher ist es, dass trotz des Besucherandrangs die Natur hier noch sehr in Ordnung scheint.

Die Favoritenrolle liegt sicher an der Tatsache, dass der Wanderweg ohne große Steigungen auskommt. Mit dem Einstieg hat man den größten Teil der Höhe schon erklommen. Der Weg führt um den Kleinen Dörnberg herum. Ich vermute, dass der Name »Alpenpfad« der Tatsache geschuldet ist, dass in geschützten Lagen Enzian und sogar Orchideen wachsen. Die Großregion Habichtswald ist geschichtsträchtig. Hier gibt es alte Hünengräber, Ringwälle und Reste früher Besiedelung wie die Helfensteine, vor allem aber warten wunderbare Aussichten.

Wer aufmerksam unterwegs ist, wird den einen oder anderen Abzweig entdecken. Der Abstecher zur Wichtelkirche ist besonders interessant.

Der Name beruht allerdings auf einer Sage. Ein Wichtelkönig soll hier gewohnt haben. Er verliebte sich in eine junge Frau, die seinen Heiratsantrag allerdings ablehnte, wenn er nicht Christ würde. Gesagt – getan. Für die Vermählung ließ der Wichtel in Menschengestalt eine Kirche aus Bergkristall bauen. Am Tag der Trauung packte die junge Frau die Angst und sie verweigerte das Ja-Wort. Da wurde es dunkel, es donnerte und die Kirche verwandelte sich in den nackten Felsen, der heute noch aus der Landschaft herausragt. Kletterfreunde begeistern sich dafür und der Spaziergänger erfreut sich an Anblick und dazugehöriger Geschichte.

Im Sommer weiden Rinder auf den Wiesen unterhalb der Felsformation *Helfensteine* und es starten die Segelflieger des FSV Kassel-Zierenberg.

38

Gasthof Ehlener Poststuben
Kasseler Straße 11
34317 Habichtswald-Ehlen
05606 599580
www.ehlenerpoststuben.de

KROATISCH-BADISCH-HESSISCHE KÜCHE

Gasthof Ehlener Poststuben

Meine erste Begegnung mit der Ehlener Poststuben bestand aus einem cremigen Pilzragout mit Semmelknödeln, im Spätsommer, auf der Lokalterrasse. Dem lauschigen Abend folgten noch einige und Zug um Zug kam ich dem kulinarischen Geheimnis und der Attraktivität des Lokals auf die Spur: Es ist die Mischung aus Dorfwirtshaus und Schlemmertempel.

Miroslav Grasa ist der Prototyp eines einfallsreichen Gastronomen und Kochs. Die Biografie macht das ziemlich deutlich. In Kroatien geboren, kam er als »Gastarbeiter«-Kind nach Deutschland, machte seine Kochausbildung im Schwarzwald, um 1994 die Ehlener Poststuben zu übernehmen. Die Fusion der Regionen bringt Kreationen zu Tage, die erst einmal irritieren. Maultaschen, mit Ahler Wurst oder mit Weckewerk gefüllt, gibt es nur in Ehlen. Sein Motto: Regional ist genial!

Das alte Fachwerkhaus liefert auch im Gastraum die ungewöhnliche Mischung aus Dorfgasthof und feinem Restaurant. Der Wirt hat alte Möbel zusammengetragen, die Tische zieren gestärkte, weiße Tischdecken, schönes Geschirr und feine Gläser. Auf den stilechten Tellern findet man regionale Zutaten und Produkte. Die Karte ist klein, aber fein und wechselt saisonal. Grasa legt großen Wert auf den frischen Einkauf. Da läuft man, wie erlebt, auch schon mal Gefahr, dass am Abend des Muttertagsonntags die nordhessischen Spargel von den Feldern in Calden aufgegessen sind. Im Herbst stehen Wild und Gans im Zentrum des kulinarischen Angebots. Am Wochenende geht dann ohne Reservierung nix.

Das Angebot an Weinen und Schnäpsen ist groß und umfangreich. Hier kommt der badische Hintergrund wieder zum Tragen. Das Herausragende an den Poststuben ist aber die unaufgeregte Mischung aus guter Küche, angenehmer Atmosphäre und der Tatsache, dass auch einfach mal jemand aus Ehlen auf einen Schwatz oder ein Bier vorbeischaut.

Nach einer Wanderung auf dem Alpenpfad die ideale Einkehrstätte vor der Rückfahrt nach Kassel. Auch in Wanderkluft wird man freundlichst bedient.

KREIS WALDECK-FRANKENBERG

39

Staumauer Edersee
Zur Sperrmauer
34549 Edertal

Edersee Touristic GmbH
Hemfurther Straße 14
34549 Edertal-Affoldern
05623 99980
www.edersee.com

DIE MAUER ZUM FREIZEITPARADIES

Staumauer am Edersee

Sie ist das Wahrzeichen des 27 Kilometer langen Sees. Ohne Staumauer kein See, möchte man sagen. Sperrmauern gibt es viele, die am Edersee ist aber ein historisch-technisches Meisterwerk, wurde sie doch zwischen 1908 und 1914 erbaut, in einer Zeit, in der dies noch ein absolutes Wunder war. Heute ist sie das Wahrzeichen des Freizeitparadieses. Der volle See hat 12 Quadratkilometer Wasseroberfläche und 200 Mio. Kubikmeter Wasserinhalt.

Die Mauer selbst wurde aus 300.000 Kubikmetern Stein gebaut. Sie ist 400 Meter lang, 48 Meter hoch und an der Sohle 36 Meter dick. Als damals Ortschaften im See versanken, war vielen nicht klar, dass die Ruinen heute, bei Niedrigwasser, eine Touristenattraktion sein würden. Das Urlaubsparadies Edersee entwickelte sich erst in den 1960er-Jahren. Da hatten See und Staumauer schon eine bewegte Geschichte hinter sich. 1943 flog die britische Royal Air Force Angriffe gegen deutsche Staumauern. In der Nacht vom 16. auf den 17. Mai riss eine Rotationsbombe ein Loch von 70 Metern Breite und 22 Metern Tiefe in die Mauer. Eine bis zu 8 Meter hohe Flutwelle ergoss sich durch das Edertal bis nach Kassel und weiter zur Weser.

Der Edersee dient auch heute noch der Wasserregulierung mit dem Nebeneffekt eines Wasserkraftwerks. Das Niedrigwasser im Sommer führt immer häufiger zu Anwohnerprotesten, denn mit schwindendem See schwindet auch ein Hauptargument für den Urlaub dort. Das Wassersportparadies war wegen Niedrigwassers in den letzten Jahren immer öfter in Gefahr. Die Staumauer ist begehbar und wenn man sie einmal überschritten hat, wird einem die technische Bauleistung wirklich bewusst sein. Zum 100. Geburtstag hat man der Mauer eine besondere Attraktion geschenkt. LED-Lampen beleuchten die 39 Überläufe der Sperrmauer. Sie ist damit das längste mit Farbwechsel illuminierte Bauwerk Deutschlands.

An der Westseite der Staumauer gibt es nicht nur mehr Parkplätze, sondern auch Gastronomie und, für Kinder spannend, einen Aquapark, der den See im Maßstab 1:200 nachbildet.

40

Freizeitgebiet Edersee
34549 Edertal
www.edersee.com
www.personenschifffahrt-edersee.de

Restaurant Fischerhütte
Strandweg 9
34549 Edertal-Rehbach
05623 4177
www.fischerhuette-edersee.de

Abenteuer zu Wasser und an Land

Freizeitgebiet Edersee

Die Ferienregion Edersee hat für fast jeden etwas zu bieten. Da ist es kein Wunder, dass die Wahl schwerfällt. Schiffchenfahren und andere Wassersportarten oder Abenteuer an Land, sei es im Baumkronenpfad, im Wildtierpark oder auch nur auf dem Fahrrad. Hier ist für alle Vergnügungen Platz.

Die erste Frage, die sich stellt, lautet: Mit oder ohne Wasser? Der See bietet so ziemlich alle Wassersportarten: Schwimmen, Surfen, Segeln, Wasserski, Tauchen, Bootfahren. Letzteres geht rudernd, paddelnd, tretend oder auch mit Elektromotor. Der See ist auch ein Paradies für Angler. Wer es gerne bequem hat, lässt sich mit größeren Kähnen übern See schippern. Es gibt zwei mittelgroße Ausflugsboote, die im Linienverkehr den See abfahren. So kann man bequem eine komplette Rundtour machen. Die Voraussetzung dafür heißt allerdings: genügend Wasser unterm Kiel. Dies ist in den letzten Jahren immer schwieriger geworden. Oft wird der Betrieb schon im Juli stark eingeschränkt. Für die einstündige Tour reicht es aber immer.

Wer den See lieber von außen betrachtet, dem bieten sich zahlreiche Möglichkeiten. Der Wildtierpark macht einen bekannt mit heimischen Rehen und Hirschen, Wildschweinen und Wölfen. Der Baumkronenpfad liefert von oben einen herrlichen Blick auf den See.

Der Rundweg ist immerhin 50 Kilometer lang und reicht für einen ganzen Tag Beschäftigung. Wer es gern bequemer hätte, mietet ein E-Bike oder macht eine Segwaytour. Für die ganz Aktiven wartet noch ein Kletterpark. Wandern auf den Nationalpark-Steigen ist selbstverständlich. Herausragend ist der Urwald-Klettersteig: 68 Kilometer schmale Pfade warten mit ursprünglicher, unveränderter Natur und traumhaften Ausblicken auf den See. Hier besonders attraktiv: *Meine Card+*. Sie gibt es als Geschenk beteiligter Gastgeber und ist die Gratis-Eintrittskarte zu über 90 Urlaubsattraktionen und ÖPNV-Fahrschein in Nordhessen.

Wer gerne schlemmt, ist in der Fischerhütte am Südufer in Edertal-Rehbach gut aufgehoben. Hier gibt's Zander, direkt aus dem See.

41

Schloss Waldeck
Museum und Hotel
Schloss Waldeck 1
34513 Waldeck
05623 5890
www.schloss-hotel-waldeck.de

HOCHHERRSCHAFTLICHES

Schloss Waldeck

Wer am Edersee Station macht, wird es aus den unterschiedlichsten Blickwinkeln zu sehen bekommen, denn Schloss Waldeck ist unübersehbar. Wer am See ist, hat drei Möglichkeiten, nach oben zu kommen. Zu Fuß braucht es eine Weile, das Auto ist vergleichsweise unromantisch, stilecht fährt man mit der Bergbahn nach oben, um Schloss oder auch Burg Waldeck zu erobern.

Alle drei Wege landen auf dem Parkplatz unterhalb der Burg. Von dort aus geht es zu Fuß weiter. Die Tatsache, dass man ein unteres und ein oberes Tor durchqueren muss, macht klar, dass das Schloss ursprünglich eine Verteidigungsburg war. 1120 wurde sie zum ersten Mal urkundlich erwähnt. 1655 zogen die Grafen von Waldeck in ihr Residenzschloss nach Arolsen um, und die Anlage diente danach wechselweise als Frauengefängnis, Zuchthaus, Kriegsgefangenenlager und irgendwann als Hotel.

Schloss Waldeck kann man heute kostenfrei besichtigen. Das Museum ist eintrittspflichtig, aber einen Besuch wert. Die Dauerausstellung beschäftigt sich hauptsächlich mit der Epoche der Gefängniszeit und ist dementsprechend gruselig. Das eigentlich Beeindruckende besteht ohnehin im Blick von der Burg weit über den Kellerwald und den Edersee.

Herz der Anlage ist das Schlosshotel Waldeck mit klassisch modernen Zimmern, Restaurants und natürlich einer schönen Spa-Landschaft. Wer etwas tiefer in die Tasche greift, kann vom Bett oder auch der Badewanne aus direkt auf den See schauen. – Das Haus gehört zur Kooperation *Perlen der Grimmheimat,* wartet im Standard mit 4 Sternen Superior auf und ist das Top-Hotel am See. Selbstverständlich bietet die Region Unterkünfte aller Kategorien und Preisklassen. Das Schloss selbst steht felsenfest über dem See, dank eines magischen Vertrags, den ein früher Graf mit dem Zwergenkönig Erck geschlossen haben soll. Die Zwerge wohnen angeblich im Schlossberg und sorgen für seine ewige Standfestigkeit.

Der Blick auf die Homepage des Hotels lohnt wegen der vielen Veranstaltungen wie zum Beispiel dem *Literarischen Frühling.*

42

Das Waffelhaus
Bilsteinstraße 67
34537 Bad Wildungen
05621 5190
www.waffelhaus.de

ZU BESUCH BEI DER WAFFELKÖNIGIN

Das Waffelhaus

Man nehme etwas mehr als ein Dutzend Waffeleisen und mache Hunderte von Menschen glücklich. Zugegeben, ganz so simpel ist das Konzept nicht. Aber die Verlockung ist unbestritten. Sehr märchenhaft findet man das Waffelhaus außerhalb der Stadt, aber hinter den Bergen bei den sieben Zwergen verbirgt sich ein gigantisches Tischlein-deck-Dich!

Nein, zu Grimms Zeiten gab es das Waffelhaus noch nicht, aber die Waffel. Die märchenhafte Umschreibung in deren *Deutschem Wörterbuch* lautet: »Die Waffel ist ein uraltes niederfränk. Fest- und Fastengebäck […]. Sie pflegen jetzt bei Festlichkeiten, auf Jahrmärkten gebacken zu werden, in den Häusern bei besonderen Gelegenheiten«. Besondere Gelegenheiten braucht es nicht, um im Waffelhaus einzukehren, wenn man es denn gefunden hat. Es liegt etwas vom Schuss im Stadtteil Reitzenhagen an der Kreisstraße nach Frankenberg und der erste Eindruck lässt einen befürchten, es sei eine typische Ausflugsschwemme. Das Restaurant erkennt man an der überdimensional großen Waffel mitten auf dem großen Parkplatz. Drinnen wird man sofort vom Wohlgeruch der Waffel umfangen. Wer einen Platz gefunden hat, schaut als Nächstes etwas ratlos in die Karte. Da soll man sich entscheiden unter 150 Varianten. Die meisten sind süß und klassisch hergestellt. Wer es herzhaft liebt, kann auf Kartoffelwaffeln zurückgreifen. Sie kommen mit Pilzen, Seelachsfilet oder Rumpsteak daher. In der süßen Abteilung, der eigentlichen Versuchung, beginnt es immer mit reichlich Schlagsahne, dazu kommen Eis, Früchte, Krokant, Marzipan, Honig-Vanille-Zimt-Sauce und so weiter.

Nichts geht über den »Kuss der Waffelkönigin« mit Quark-Joghurtsahne, gebackenem Vanilleeis, heißen Erdbeeren, frischen weiteren Früchten übergossen mit Honig-Karamell. Dazu gibt es zwingend einen drei- bis siebenfachen Espresso und trotzdem ist der Tag danach »gelaufen«. – So etwas geht nur ganz selten, aber wenn Waffel, dann dort.

… und danach Bad Wildungen erkunden mit Altstadt, Kurbezirk und Schloss Friedrichstein.

48

Schneewittchenhaus
Kellerwaldstraße 27
34537 Bad Wildungen-Bergfreiheit
0700 07993743
www.bergfreiheit.de

Besucherbergwerk Bertsch
(April–Oktober)
34537 Bad Wildungen-Bergfreiheit
0700 23749375
www.bergfreiheit.de

BEI DEN SIEBEN ZWERGEN

Schneewittchenhaus in Bergfreiheit

»Wie es Nacht war, kamen die sieben Zwerge von ihrer Arbeit heim, und steckten ihre sieben Lichtlein an, da sahen sie, dass jemand in ihrem Haus gewesen war. Der erste sprach: ›Wer hat auf meinem Stühlchen gesessen?‹ Der zweite: ›Wer hat von meinem Tellerchen gegessen?‹«

Es mutet etwas anachronistisch an, wenn man im Bad Wildunger Ortsteil Bergfreiheit in der Kellerwaldstraße 27 vor dem schön restaurierten Schneewittchenhaus steht, zumal wenn es der zweite Sonntag im Monat ist und drinnen tatsächlich das Schneewittchen mitsamt der sieben Zwerge wartet. Ist das alles nur ein dummer Gag, um Besucher anzuziehen? Nein, denn hier, mitten im Kellerwald, soll sich Schneewittchen vor der bösen Stiefmutter versteckt haben.

Der Heimatforscher Eckard Sander zieht in einem Buch die Vergleiche zur Realität heran. Es hat da ein wunderschönes Mädchen gegeben in Wildungen: Margarethe, Gräfin von Waldeck. Großgezogen von einer Stiefmutter erlitt sie einen frühen Tod im Zentrum des Hochadels in Brüssel. Erzähltraditionen machten daraus den Stoff von der Flucht des schönen Mädchens. Die Zwerge aber waren wohl Kinder, die in Bergfreiheit ihren Lebensunterhalt in einer Kupfermine verdienen mussten. Sie wohnten, oft schon Waisen, zusammen in sogenannten Einraumhäusern, meist nicht größer als 20 Quadratmeter.

Genau so ein Haus ist das Schneewittchenhaus. Klein und ärmlich kann man hier dem Märchen nachspüren und erlebt die Faszination des Gegensatzes von schönem Adelsspross und geknechteten Kindern. Adelsgeschichte und Geschichte der Ausbeutung von Kindern im 16. Jahrhundert treffen auf Erzähltradition und Fantasie des Märchens. Bergfreiheit setzt auf seinen verliehenen Titel als Schneewittchendorf und zieht damit erfolgreich Besucher in die landschaftliche Idylle des Kellerwalds. Mag manches naiv daherkommen, die Geschichte um die Parallelen ist faszinierend.

Weitere Indizien finden sich im Besucherbergwerk Bertsch, das im Sommer besichtigt werden kann.

44

Landhaus Bärenmühle
Über Lengeltalstraße 2
35110 Frankenau-Ellers-
hausen
06455 759040
www.baerenmuehle.de

Stille hören ist Luxus

Landhaus Bärenmühle

Da, wo sich Esel und Forelle Gute Nacht sagen, da steht die Bärenmühle. Das Bild hinkt, war aber mein Eindruck beim Besuch. Fuchs und Hase waren am hellen Nachmittag nicht sichtbar, aber die Fische schwammen still durch die Teiche und die beiden Esel, die am Grundstücksrand angebunden waren, machten sich nur selten bemerkbar. Und mitten in dieser Idylle steht das alte Mühlengehöft und wartet auf Besucher.

Wenn wir zivilisationsgeschädigt im Lengeltal ankommen, kann es passieren, dass die Stille beunruhigt. Die Bärenmühle liegt einsam zwischen den Buchen des Kellerwalds und ist eine von sieben Mühlen, die es im Tal gibt. An den meisten hat der Zahn der Zeit genagt, und es wäre der Bärenmühle vermutlich nicht anders gegangen, wären die Kohl-Schwestern nicht aus allen Ecken der Welt wieder in ihre Heimat zurückgekehrt und hätten aus der Bärenmühle ein Hotelkleinod gemacht. Die Gebäude liegen traumhaft einsam. Rustikale Böden wetteifern mit Antiquitäten und schönen Stoffen um Gemütlichkeit. Man hat die Qual der Wahl. Soll ein Zimmer gebucht werden, eine Suite oder darf es gleich eine kleine Wohnung sein? Letztlich ist das eine Frage von Aufenthaltslänge und Geldbeutel. Das Zentrum der Anlage, die Scheune, beherbergt die Restaurants und bietet kuschelige Sessel direkt neben dem Kaminofen. Man kümmert sich wie selbstverständlich um die Gäste. Da spielt es keine Rolle, ob man im Haus wohnt, oder, wie ich, am hellen Sonntagnachmittag neugierig auf einen Kaffee hereinschaut. Das Angebot wird ergänzt durch das »Wellnest«: Der alte Hühnerstall beherbergt eine Sauna. Wer möchte, kann Massagen und Yoga buchen. Wohlfühlen bekommt hier eine eigene Qualität durch den Naturbadeteich oder auch den Vorschlag, mal barfuß durch das Gras rund um den Teich zu laufen.

Die Nähe zur Natur schlägt sich auch in der französisch-hugenottischen Küche nieder. Bioprodukte aus der Nähe gehören zum Angebot.

Das *Bistro Buddenbrook* und das Abendrestaurant *Maison Martron* sind auch für auswärtige Gäste geöffnet.

45

Altstadt Frankenberg an der Eder
Rund um das historische Rathaus
Marktplatz 1
35066 Frankenberg

Thonet GmbH
Michael-Thonet-Straße 1
35066 Frankenberg
06451 5080
www.thonet.de

AUF DEN STUHL GEKOMMEN

Altstadt

Die Frankenberger sind stolz auf ihr Rathaus. Zwischen 1509 und 1514 gebaut, gehört es zu den schönsten Fachwerkrathäusern Deutschlands. In seinem Schatten und der sich um einen Hügel schmiegenden Altstadt entwickelte sich im Lauf der letzten 75 Jahre ein besonderer wirtschaftlicher Schatz, der Möbel- und Designgeschichte geschrieben hat und immer noch schreibt.

Der kleine Berg ist schnell erklommen und nach wenigen Minuten ist der Obermarkt erreicht und damit das Fachwerkrathaus mit seinen zehn Erkertürmen. Man kann durch das Gebäude laufen, damit die ehemalige Markthalle, samstags ist dort Wochenmarkt, durchqueren und das Rathaus auf der Talseite wieder verlassen. Hier bekommt man einen anderen Anblick des Frankenberger Wahrzeichens. Ich kann mich bis heute nicht festlegen, welche Seite des Gebäudes schöner ist, denn die Sicht vom Untermarkt auf der anderen Seite wirkt prachtvoller. Links daneben findet man mit dem Hotel *Sonne-Frankenberg* (www.sonne-frankenberg.de) das einzige Spitzenhotel im Landkreis. Viereinhalb Sterne hat es, fünf wären angemessen. Im Restaurant *Philipp Soldan* (ein Michelin-Stern) bietet Küchenchef Erik Arnecke Gourmetküche in entspannter Atmosphäre.

Die Stadt hat einen recht ordentlichen Freizeitwert. Im Zentrum des Nationalparks Kellerwald-Edersee hat man unbegrenzte Wandermöglichkeiten, mit dem Ederberglandbad eine von vielen attraktiven Thermen. Zudem ist es nicht weit zum Nationalparkzentrum bei Vöhl, direkt an der Bundesstraße nach Korbach. Ein besonderes Kleinod bietet Frankenberg aber Innenarchitekten und Freunden von Möbeldesign. Die Stichworte heißen Bugholz und kalt gebogenes Stahlrohr. Michael Thonet gründete 1819 das Familienunternehmen, das Weltruhm besitzt. Der Wiener Kaffeehausstuhl oder die Freischwingsessel stehen dafür. Seit dem Ende des Zweiten Weltkriegs ist Frankenberg Firmensitz und Hauptproduktionsstätte.

Bei Thonet gibt es einen Showroom, ein Möbel-Outlet und ein sehr spannendes Museum.

46

Nationalpark-Zentrum Kellerwald
Weg zur Wildnis 1
34516 Vöhl-Herzhausen
05635 992781
www.nationalparkzentrum-kellerwald.de

WELTNATURERBE

Nationalpark Kellerwald-Edersee

Märchen haben immer auch mit Landschaften zu tun. Eine der wichtigsten mag der tiefe, dunkle Wald sein. Er kommt fast überall vor. Hänsel und Gretel verliefen sich im Wald und Rotkäppchen wurde davor gewarnt, vom Wege abzugehen, um nicht Gefahr zu laufen, sich zu verirren. Den größten zusammenhängenden Märchenwald findet man in der Region rund um den Edersee.

Die Region Kellerwald ist im Jahr 2011 nicht umsonst von der UNESCO zum Weltnaturerbe ernannt worden. Auf einer Fläche von 57 Quadratkilometern findet man einen der größten zusammenhängenden Buchenwälder Europas. Jede dritte Buche dort ist älter als 150 Jahre. Die Gegend soll nach exzessiver Nutzung jetzt Zug um Zug an die Natur zurückgegeben werden. Ein Urwald soll wieder entstehen. Dies ist ein ehrgeiziger Plan, der neben forstwirtschaftlicher Überwachung vor allem viel Zeit brauchen wird.

Aber das wären ja nicht wir, die neugierigen Menschen, wenn uns das nicht genau erklärt werden müsste und wenn wir es nicht anschließend in Augenschein nehmen wollten. Diese Neugier wird im Herzstück des Nationalparks befriedigt. Das Besucherzentrum in Vöhl-Herzhausen bietet diese medial perfekte Aufbereitung. Erika Hofmann und ihr Team bringen einem die Natur näher, die sich ohne störenden Einfluss wieder selbst entwickeln soll. Eine beeindruckende Ausstellung lädt zum Anfassen, Drücken, Schieben und Kurbeln ein. Mit dem Buchoskop zum Beispiel geht man auf eine historisch-biologische Reise durch den Buchenwald. Eindrucksvoll getoppt wird diese Erfahrung im Sinnekino. Zum Drei-D-Film kommt als vierte Dimension noch das Gefühl von Wind oder Wasser hinzu. 14 Wanderwege führen durch den Park. Dort kann man, auch bei geführten Wanderungen oder Planwagenfahrten, am besten erfahren, wie die Natur mit ihrer neu gewonnenen Freiheit umgeht, und man kommt sich vor wie Rotkäppchen auf dem Weg zur Oma.

Das Nationalparkzentrum ist im Sommer täglich und im Winter dienstags bis sonntags geöffnet.

47

Stadt Korbach
Rund um Touristinformation (im Bürgerbüro)
Stechbahn 1
34497 Korbach
05631/530
www.korbach.de

Historischer Goldbergbau
Eisenberg e.V.
(April–Oktober)
Am Kleegarten 23
34497 Korbach Goldhausen
05631 53232
www.goldspur-eisenberg.de

DIE HESSISCHE HANSESTADT

Stadtspaziergang

Nein, wir sind nicht am Meer, trotzdem war Korbach Hansestadt, die einzige in Hessen übrigens. Amtlich beglaubigt fand man das nicht. Allerdings haben umgekehrt Korbacher Kaufleute in Flandern genauso wie in Estland ihre Spuren hinterlassen.

Seit 2013 darf sich Korbach wieder Hansestadt nennen. Und Gold spielt ebenfalls eine gewichtige Rolle in der Historie der Stadt. Die Geschichte der Kreisstadt ist wechselhaft. Sie hatte das Glück, an der Kreuzung zweier mittelalterlicher Handelsstraßen zu liegen. Dies bescherte dem Handel bereits im 12. Jahrhundert eine wichtige Bedeutung. 1469 wird Korbach als Hansestadt erwähnt. Noch heute findet man hansetypische Lagerhäuser. Der Aufschwung wäre vermutlich weitergegangen, wäre der Dreißigjährige Krieg nicht ausgebrochen. Korbach blutete regelrecht aus. Als dann 1664 ein Brand fast alle Häuser der Stadt vernichtete, schien das Schicksal besiegelt. Nur die beiden gotischen Kirchen und die Lagerhäuser waren stehen geblieben.

Wer heute durch Korbach läuft, findet wieder reichlich Fachwerk, schöne restaurierte Häuser, die aber bis auf eine Ausnahme alle nach dem Brand gebaut wurden. Nikolaikirche und Kilianskirche stehen im optischen Mittelpunkt. Das historische Rathaus, auf der Grenze zwischen Alt- und Neustadt, macht Eindruck. Der Erweiterungsbau aus Waschbeton zerstört die historische Atmosphäre aber aufs Beste. Im *Wolfgang Bonhage Museum* kann man die Geschichte der heutigen Kreisstadt nachvollziehen.

Abenteuerlustige führt der Weg in den Stadtteil Goldhausen. Schon im Mittelalter gab es am Eisenberg eine Goldmine. Heute findet man dort ein spannendes Besucherbergwerk, einen Goldlehrpfad und auf dem Georg-Victor-Turm die beste Aussicht auf die Hansestadt. Es soll noch über eine Tonne Gold im Berg stecken, allerdings so fein zerbröselt, dass es wirtschaftlich unrentabel wäre, es zu fördern. Wer Glück hat, begegnet der Goldmarie, als Repräsentantin der Stadt, und schließt den Kreis zum Märchen.

Von Mai bis Oktober gibt es zahlreiche Feste und Märkte. Besonders attraktiv ist der Mittelaltermarkt im Oktober.

48

Hochheideturm
Am Ettelsberg 3
34508 Willingen

Touristinformation Willingen
Am Hagen 10
34508 Willingen
05632 9649353
www.willingen.de

So viele Gäste können nicht irren

Streifzug durch die Stadt zum Hochheideturm

Es ist hauptsächlich der Wintersport, der Willingen bekannt gemacht hat. Gleich ob Langlauf, Skispringen oder -fahren in Mittelgebirgslandschaft, ein wenig Après-Ski-Flair gehört dazu. Auch oder gerade in Willingen. Aber auch im Sommer ist der Ort am Rand des Sauerlands ein attraktives Ziel mit einem unerschöpflichen Angebot.

Über eine Million Übernachtungen pro Jahr weist die Tourismusstatistik aus. Darauf ist man im Upland ganz schön stolz. Der Winter und der alljährliche Skisprungzirkus sorgen für diese Rekordzahlen. Allerdings spielt auch die gute Infrastruktur bei Hotels und Gastronomie eine große Rolle. Willingen bietet gewissermaßen alpenländisches Flair, auch wenn die Pisten maximal zwei Kilometer lang sind. Nur, wenn die meisten Skifans ehrlich sind, reicht das ja meist schon für ein Wochenende. Und die Stimmung bei Siggi auf dem Ettelsberg steht alpinem Après-Ski in nichts nach, inklusive aller Begleiterscheinungen. Jede Hütte braucht ihre Spezialität. Beim Siggi ist es die Erbsensuppe, die in Bierkrügen serviert wird, mit herausragenden Würstchen; witzig und schmackhaft.

Hier wie in den Alpen treffen Extreme aufeinander. Das Partyvolk gegen die Naturgenießer, denn Winter wie Sommer kann man sich die Hügel auch ganz ruhig zu Gemüte führen. Unendlich viele Wanderwege oder auch Loipen führen in absolut ruhige Gegenden, die dann Winterzauber oder auch sommerliche Sonnenuntergänge zum romantischen Erlebnis werden lassen.

Willingen hat es verstanden, zum Rundum-sorglos-Freizeitparadies zu werden. Eissporthalle, Lagunen-Erlebnisbad, Sommerrodelbahn, Golfplatz, große und kleine Hotels, Pensionen und Ferienwohnungen sorgen für Urlaubsspaß. Schließlich ist da noch das Brauhaus (www.willinger-brauhaus.de). Und hier treffen auch wieder diese beiden Welten aufeinander. Oft kriegen Partygäste gar nicht mit, dass hier sehr ordentliche Biere gebraut werden.

Ein Highlight ist der Hochheideturm auf dem Ettelsberg, der mit 59 Metern höchste Aussichtsturm im Nordwesten Deutschlands.

49

Upländer Milchmuhseum e.V.

Korbacher Straße 6
34508 Willingen-Usseln
05632 922222
www.muhseum.de

DAS MELKERLEBNIS

Upländer Milchmuhseum in Usseln

Etwas lernen und noch Spaß dabei haben. Schön, wenn das klappt. Das *Muhseum* der Upländer Bauernmolkerei ist so ein Beispiel, das Lust auf mehr macht und aufkommende Fragen wie selbstverständlich beantwortet. Gleichzeitig ist die Molkerei, im Zeichen der Biomilch, auch wirtschaftlich wieder im Aufwind.

Die museumseigene Kuh, nein, keine echte, nur das Euter ist nahezu echt, gehört zu den großen Attraktionen des *Muhseums.* Der Kuh an sich und der Milch ein Denkmal zu setzen, gehört neben dem Engagement in der heimischen Milchwirtschaft sicher zu den großen Errungenschaften der Upländer Bauernmolkerei. Im Willinger Stadtteil gab es schon seit 1898 eine Molkerei. Sie teilte das Schicksal vieler anderer Betriebe und wurde 1995 stillgelegt. Allerdings schloss sich gleichzeitig eine Initiative von Biobauern und Umweltschützern zusammen. Sie gründeten die Bauernmolkerei, die zum Erfolgsmodell wurde. Heute werden dort jährlich 30 Millionen Liter Biomilch verarbeitet. Der Anspruch ist hoch. Man will der Kundschaft, und gerade Kindern, Biomilchwirtschaft näherbringen. Führungen durch die Molkerei sind aus hygienischen Gründen nicht mehr möglich und so kam es zum Muhseum.

Hier kann man jetzt reichlich Erfahrung sammeln in Sachen Milch und Kuh. Das ist für Kinder toll, aber ganz ehrlich, ich konnte auch noch was lernen. Man bekommt die traditionelle Milchherstellung vorgestellt und die harte Arbeit, die dranhängt. Dabei riecht es »im Stall« schon mal etwas streng und wer Milcheimer hochhebt, weiß, wie schwer Bauernarbeit war. Der Höhepunkt jedes Rundgangs ist Helma, die *Museumskuh.* Eigene Erfahrung: Ich wäre verdurstet, denn Melken will gelernt sein.

Die Kinderführungen enthalten auch das Herstellen eigener Butter, die die Kids nachher selber aufessen können. *Muhseum* zum Anfassen: Klasse für Kinder wie Erwachsene.

Besonders viel Spaß macht eine *Muhseumsführung*, wenn man als Gruppe kommt. Da werden die Melkversuche zum Spektakel.

50

Bad Arolsen
Rund um Schloss Arolsen
Schlossstraße 27
34454 Bad Arolsen
05691 895526
www.schloss-arolsen.de

Touristik-Service
Große Allee 24
34454 Bad Arolsen
05691 801240
www.bad-arolsen.de

KLEIN, ABER SEHR FEIN

Rundgang durch die Stadt

Arolsen bietet Rokoko und noch mehr Barock. Das Schloss steht im Zentrum. Drumherum gibt es eine schöne Altstadt und viele Freizeitmöglichkeiten am nahen Twistesee.

Das Städtchen schaut auf große Geschichte zurück und ist auf jeden Fall einen Besuch wert, auch wenn Arolsen schon etwas am Rande liegt. Teile der Stadtgrenze bilden die Grenze zum benachbarten Nordrhein-Westfalen. Die Geschichte und ihre Bauwerke hat die ehemalige Residenzstadt den Grafen und Fürsten von Waldeck-Pyrmont zu verdanken. 1710 begann man mit dem Bau des Residenzschlosses. Die Herrschaft zog zehn Jahre später in eine Baustelle, denn das Schloss wurde erst nach weiteren 90 Jahren fertig. Man hatte sich mit der Orientierung an Versailles doch etwas übernommen. Arolsen besitzt einen barocken Stadtgrundriss. Als eine der Achsen dient die Große Allee, die immerhin über 1,5 Kilometer lang ist. Daran kann man sich orientieren und zum Spaziergang durch das kleine beschauliche Städtchen starten.

Eigentlich müsste hier vieles in Orange getaucht sein, denn das Fürstenhaus hat eine enge historische Bindung nach Holland. Emma Wilhelmina Theresia zu Waldeck und Pyrmont wurde 1879 die zweite Frau von König Wilhelm III. der Niederlande. Man ist stolz darauf und sogar ein Café auf der Großen Allee ist nach ihr benannt.

»Bad« heißt Arolsen erst seit 1997. Seitdem vermarktet man die gesundheitsfördernde Wirkung der Heilquelle. Dem Kurort verdankt man eine gute Infrastruktur in Sachen Hotel und Gastronomie.

Erwähnen muss man noch zwei städtische Traditionen, die für Arolsen stehen. Das sind der seit fast 290 Jahren am ersten Augustwochenende stattfindende Arolser Kram- und Viehmarkt und die Barockfestspiele im Frühjahr. Im Festspielhaus an der Fürstlichen Reitbahn geben sich dann prominente Musiker die Klinke in die Hand. Das Festival gehört zu den anerkannten internationalen Treffpunkten für die Freunde der Musik des 17. und 18. Jahrhunderts.

Wer Arolsen sagt, muss auch Twistesee sagen: Strandbad und ein Paradies für Freizeitsportler.

SCHWALM-EDER-KREIS

51

Tourismusservice Rotkäppchenland e.V.
Paradeplatz 7
34613 Schwalmstadt-Ziegenhain
06691 207407
www.rotkaeppchenland.de

Junker-Hansen-Turm
Hindenburgstraße 4
35279 Neustadt

Rotes Käppi, böser Wolf

Das Rotkäppchenland

Ist es mehr als ein Marketingtrick? Der Schwalm-Eder-Kreis setzt auf Rotkäppchen und das nicht von ungefähr. Man sehe sich die traditionelle Frauentracht der Region an und schon wird es klingeln. Denn die traditionell gekleidete Schwälmerin hat eine fatale Ähnlichkeit mit dem grimmschen Rotkäppchen.

Die Farbe Rot steht in der Schwälmer Tracht für Jugend. Nur unverheiratete Mädchen trugen rot. Die Großmutter schenkt ihrer Enkelin im Märchen »ein Käppchen von rotem Sammet, und weil ihm das so wohl stand, und es nichts anderes mehr tragen wollte, hieß es nur das Rotkäppchen«. Historisch ist diese Verbindung von Märchen und Tatsache nicht belegbar, denn die Tracht entstand erst nach dem Märchen. Die erste schriftliche Version stammt von Charles Perrault. Die Grimms bekamen sie vermutlich von Marie Hassenpflug erzählt. – Woher die Geschichte auch immer stammt, sie passt wunderbar in die Schwalm, denn wie heißt es im Märchen: »Rotkäppchen schlug die Augen auf, und sah, wie die Sonne durch die Bäume gebrochen war und alles voll schöner Blumen stand.« Da war klar, dass seine Heimat wunderschön ist.

Liebliche Hügel, Fluss- und Auenlandschaften und wunderschöne Fachwerkstädtchen prägen die Region. Den Wolf haben die Tourismusverantwortlichen in den sehenswerten Wildpark Knüll verbannt. Die Märchentradition pflegt man in Märchenhäusern, zum Beispiel mitten im Knüllgebirge im Luftkurort Neukirchen. Es geht auf die Initiative der Märchenerzählerin Gudrun Grünberg zurück.

Findet man heute auch kaum noch Mädchen in Rotkäppchentracht, so bleibt der moralische Anspruch des Märchens erhalten. Es ist die Warnung vor dem »Wolf im Mann«. Wie heißt es doch bei Perrault: »Kinder, insbesondere attraktive, wohl erzogene, junge Damen, sollten niemals mit Fremden reden, da sie in diesem Fall sehr wohl die Mahlzeit für einen Wolf abgeben könnten.«

Besonders sehenswert sind der Junker-Hansen-Turm, der größte Fachwerkrundbau der Welt in Neustadt oder die Wasserfestung in Ziegenhain.

52

Melsungen
Rund um das Rathaus
Am Markt 1
34212 Melsungen

Kultur- und Touristinformation Melsunger Land
Am Markt 5
34212 Melsungen
05661 708200
www.melsungen.de

DIE STADT DER BARTENWETZER

Streifzug durch die Altstadt

In erster Linie ist Melsungen eine Stadt des Fachwerks. Sie ist von ziemlich viel Wald umgeben und liegt an der Fulda. Über die geht eine alte Brücke, und hier kommt man dem Begriff von den Bartenwetzern optisch ziemlich nah, denn die tiefen Kerben im Steingeländer des historischen Bauwerks sprechen für sich.

In der Mitte steht ausnahmsweise mal nicht die Kirche, sondern das Rathaus aus dem Jahr 1565. Es ist 29 Meter hoch, fast quadratisch und wohl eines der schönsten Fachwerkrathäuser Deutschlands. Fünf Türme zieren es, vier kleine an den Ecken und ein Mittelturm. Zweimal pro Tag, um 12 und um 18 Uhr, öffnet er sich und man sieht eine geschnitzte Holzfigur: den Bartenwetzer.

»Barte« ist der mittelhochdeutsche Begriff für Axt oder Beil. Die Melsunger lebten lange Zeit fast ausschließlich von der Forstwirtschaft. Auf dem Weg zur Arbeit wetzten die Arbeiter ihre Barten an den Steinen der Fuldabrücke. Wenn man, vor der Front des Rathauses stehend, nach rechts geht, erreicht man diese wunderschöne Brücke aus dem Jahr 1595/96. Dort lassen sich die Wetzspuren entdecken. Tourismusfreundlich stehen inzwischen vor und auf der Brücke Bartenwetzerfiguren als Fotomotiv.

Man hat es geschafft, den Autoverkehr aus der Altstadt weitgehend zu verbannen. Am Rande findet man ein Parkhaus, wo sich das Auto abstellen lässt. So macht der Spaziergang durch die Gassen doppelt so viel Spaß. Sehenswert beim Bummel ist die Stadtkirche aus dem 14. Jahrhundert, das Schloss aus dem 16. Jahrhundert mit dem dazugehörigen Garten und der Eulenturm als Teil der Stadtbefestigung. Ein Spaziergang an der Fulda bietet reichlich Fotomotive von der Bartenwetzerbrücke bis zum natürlichen Wehr, das die Fulda in Höhe der Stadt zerteilt.

Wer mehr erfahren möchte, macht eine Stadtführung. Sie wird dreimal pro Woche angeboten.

Im Sommer gibt es Floßfahrten auf der Fulda. Ein großer Spaß! Eine Reservierung über die Kultur- und Touristinformation Melsungen ist empfehlenswert.

58

Homberg an der Efze
Rund um Marienkirche
Marktplatz 25
34576 Homberg/Efze
05681 939161
www.homberg-efze.eu

Homberger Heimatmuseum
(Mai–Oktober)
Pfarrstraße 26
34576 Homberg/Efze
05681 2470
www.homberg-efze.eu

REFORMATIONSSTADT HESSENS

Rundgang durch die Stadt

»Homberg in Niederhesen, Schloss, Ampt und Statt ist aus den vornembste Oertern Einer« – Mathias Merian der Jüngere beschrieb die Stadt an der Efze, einem Nebenfluss der Schwalm, im Jahre 1655. Da war das Städtchen schon bedeutend.

Es gäbe unendlich viel zu erzählen über die Geschichte dieser bedeutenden Gemeinde, deren Gründung sich bis ins Jahr 1231 zurückverfolgen lässt. Die Burgruine auf dem Schlossberg stammt sogar aus dem späten 12. Jahrhundert. An einer Kreuzung von Handelsstraßen liegend, kam dem Örtchen schon recht früh eine strategische Bedeutung zu. Es wurde berühmt durch die Homberger Synode, die 1526 tagte und die Reformation für das damalige Hessen beschloss.

Trotz vieler Feuersbrünste und der fast kompletten Zerstörung im Dreißigjährigen Krieg weist die Altstadt noch heute eine Unzahl an historisch wertvollen Gebäuden auf. Homberg ist mit seinen gekrümmten Gassen ein gutes Beispiel für mittelalterliche Stadtplanung. Den damaligen Architekten ging es bei den Straßenkrümmungen darum, ein geschlosseneres Stadtbild zu erzeugen: So schaut man am Ende von Straßen auf ein in die Blickachse gestelltes Gebäude. Das Zentrum der Altstadt ist der Marktplatz in der Oberstadt, überragt von der sehenswerten Stadtkirche.

Hier beginnt man am besten auch seinen Rundgang und vor allem den – im Sommer schweißtreibenden – Aufstieg zur Hohenburg. Oben angekommen, hat man einen traumhaften Ausblick in die Ebene der Schwalm. Der fast intakte Bergfried steht im Missverhältnis zur restlichen Ruine. Bei genauerem Hinsehen erfährt man dann auch, dass der Turm in den 1950er-Jahren aus alten Steinen erbaut wurde und nicht einmal ein historisches Vorbild hat. Immerhin macht er den Burgbesuch und die Kletterei lohnenswert, und das ist ja nach der Anstrengung auch etwas. Wer von oben kommt, findet am Marktplatzes ein kleines Café, das mit besonders leckerem Kuchen überrascht.

Mehr über die spannende Geschichte erfährt man im Homberger Heimatmuseum, das im Hochzeitshaus, untergebracht ist. Ein tolles Erlebnis ist die geführte Besichtigung der Türmerwohnung der Stadtkirche St. Marien.

54

Ferienwohnpark Silbersee
Am Silbersee 100
34621 Frielendorf
05684 7472
www.ferienpark-silbersee.de

Verkehrsverein Frielendorf am Silbersee e.V.
Ziegenhainer Straße 2
34621 Frielendorf
05684 7827
www.frielendorfaktiv.de

DER FREIZEITSCHATZ AM SILBERSEE

Silbersee-Park

Rund um ein ehemaliges Braunkohle-Tagebaugelände und den daraus entstandenen See war vor Jahren ein Freizeit- und Ferienparadies entstanden, das sich sehen lassen konnte. Vom Wellnessbad über eine Kinderspielhalle, eine Bob-Rodelbahn bis zu Wohnmobilpark, Hotel und Ferienhäusern war alles da, was das Herz begehrt. 2011 kam der Park wirtschaftlich ins Trudeln. Dann aber fanden sich neue Investoren und das Tourismusgeschäft konnte weitergehen.

Am Silbersee hat man das schon geschafft, woran die Gemeinde Borken noch arbeitet. Nach dem Ende des Braunkohletagebaus wurde das riesige Loch geflutet und daraus entstand die Grundlage für den Tourismus in Frielendorf. Aus dem See wurde ein, ökologisch gesehen, reines Gewässer. Drumherum legte man ein Ferienparadies an, das seinesgleichen suchte, wenn man mit der Familie Urlaub machen will. Jetzt vermarktet man den »Schatz am Silbersee« wieder recht erfolgreich. Auch die etwas abgewohnten Ferienhäuser wurden renoviert. Die Häuser unterschiedlicher Größe und Typen sind einfach aber auch sehr günstig.

Bei aller Bescheidenheit der Anlage habe ich selten ein Angebot gesehen, das in dieser Komplexität alle Familienurlaubswünsche erfüllen kann. Eine wundervolle Landschaft, Ferienwohnungen, ein Wellnessbad, viele Freizeitangebote und natürlich der See bieten eine breite Palette.

Silberseebob, der Indoor-Spielpark *Frieloland*, Minigolf, ein Kletterpark und vor allem das Freizeitbad bieten besten Familienurlaub. Für diese Klientel ist der Silbersee ideal. Inzwischen hat man den Park auch für Klassenfahrten entdeckt. Das macht auch deutlich: Ruhesuchende Paare sind hier fehl am Platz. Wer aber einen Tagesausflug nach Frielendorf macht, kann hier Landschaft, See und Kinderspaß auf das Feinste genießen. Und wenn denn im Sommer die Sonne scheint, lockt der knapp neun Hektar große See in wunderschöner Umgebung.

Für Nostalgiefreunde gibt es in der Kulturscheune Frielendorf, Hauptstraße 51, einen Museumskolonialwarenladen aus alten Zeiten.

55

Trommlerstadt Gudensberg
Rund um Rathaus-Kulturbüro
Kasseler Straße 2
34281 Gudensberg
05603 933128
www.tourismus-gudensberg.de

TROMMELT FÜR GRIMM UND DIE STADT

Erkundung der Trommlerstadt

So wie viele das grimmsche Märchen vom Trommler nicht kennen, so fährt man ohne Vorwarnung vermutlich achtlos an Gudensberg vorbei. Ein Fehler, denn hier gibt es eine malerische Altstadt, eine Burg und das Märchen vom Trommler inklusive. Dank kulturinteressierter Einwohner ist Gudensberg eine Stadt aus Kunst, Kultur und Literatur.

Der Trommler sitzt an einem See und findet ein Stück Leinen, steckt es ein und wird nachts von der Erscheinung einer gefangenen Königstochter geweckt, die ihr Hemdchen wiederhaben will. Er befreit sie abenteuerlich aus der Macht einer Hexe, vergisst sie durch die Nichteinhaltung der Regel, seine Eltern beim Wiedersehen nicht auf die rechte Wange zu küssen. Aber letztlich wendet sich alles zum Guten. Wer die Geschichte kennt, wird sich, wenn er nach Gudensberg kommt, fragen, ob der Schlossberg mit der fast versteckten Obernburg nicht doch der Glasberg aus dem Märchen ist, von dem der tapfere und trickreiche Trommler seine Liebste entführt hat. Romantisch schmiegt sich das Städtchen im Chattengau an diesen Hügel. Hier soll das Märchen vom Trommler gespielt haben.

Wer mehr über die schöne Fachwerkbausubstanz, die Vor- und Frühgeschichte des Chattengaus und die besondere Beziehung der Stadt zu Literatur und Kunst erfahren möchte, dem sei eine Stadtführung empfohlen.

Insbesondere die jüdische Geschichte der Stadt ist bemerkenswert. Das heutige Kulturhaus war bis 1937 die Synagoge der Stadt. 1938 verließ die letzte jüdische Familie Gudensberg. Etwa die Hälfte der 124-köpfigen Gemeinde wurde von den Nazis in Konzentrationslager deportiert. Stolpersteine erinnern heute an die ehemaligen Bürger.

Gudensberg liegt im Chattengau. Die Chatten waren ein germanischer Stamm und gelten als Vorfahren der Nordhessen.

56

Dom Fritzlar
Dr.-Jestädt-Platz 11
34560 Fritzlar
www. fritzlar.de

Touristinformation
Zwischen den Krämen 5
34560 Fritzlar
05622 988643
www.fritzlar.de

DIE EICHE UND DER MISSIONAR

Dom und historischer Stadtkern

Es soll alles mit der Donareiche begonnen haben. Die war den Chatten heilig. Bonifatius, Missionar aus dem Angelsächsischen, hatte davor keine Hochachtung und ließ sie fällen. Aus ihrem Holz baute er eine Kirche und gründete ein Kloster. Das war der Anfang von Fritzlar.

Die Stadt hat einen Dom. Er überstrahlt Fritzlar und ist, glaubt man der Mischung aus Geschichte und Legende, das dritte Gotteshaus an dieser Stelle. Nach Bonifatius' Holzkirche baute man eine aus Stein und nach deren Zerstörung wurde ab 1085 die Basilika St. Peter errichtet. Weit sichtbar durch ihre exponierte Lage fällt sie hauptsächlich durch ihre zwei Türme auf. Das hatte in der Zeit des Baus noch Seltenheitswert.

Es schließt der mittelalterliche und fachwerkbetonte Stadtkern an, der für mich das eigentlich Sehenswerte an Fritzlar ist. Der Marktplatz bietet in sich noch weitgehend geschlossenes Fachwerk, das bis ins 13. Jahrhundert zurückgeht. Hier hat man es tatsächlich geschafft, viele Bausünden der 1950er- und 1960er-Jahre zu vermeiden. Fotomotive bieten sich zuhauf: in der Altstadt, entlang der gut erhaltenen Stadtbefestigung mit einer 2,5 Kilometer langen Stadtmauer und an den vier Warten, den Wachtposten der Stadt. Sie wurden errichtet, um herannahende Feinde aus jeder Himmelsrichtung rechtzeitig zu entdecken. Bemerkenswert ist noch der Graue Turm. Mit 37 Metern Höhe ist er der größte noch stehende städtische Wehrturm in Deutschland und erzählt die gruselig-grausame Geschichte der Hexenverfolgungen im ach so frommen Fritzlar.

Störend allein ist der Bundeswehr-Heeresflugplatz mit dem Kampfhubschrauberregiment 36. Die knatternden Luftwespen passen so gar nicht ins historische Feeling. Bliebe noch eine Geschichte am Rande: Rund um Fritzlar befindet sich das größte Weißkohlanbaugebiet Deutschlands. Kein Wunder, dass hier ein schwäbischer Sauerkrauthersteller seine Zelte aufgeschlagen hat und mit der Fabrikation seiner Mildessa-Konserve zum zweitgrößten Fritzlarer Arbeitgeber nach der Bundeswehr wurde.

Frühstücken vor dem Café Hetzler am Marktplatz ist fabelhaft.

57

Hessisches Braunkohle-Bergbaumuseum
Am Amtsgericht 2–4/
Am Freilichtmuseum 1
34582 Borken
www.braunkohle-bergbaumuseum.de

Touristinformation
Am Rathaus 7
34582 Borken
05682 808271
www.borken-hessen.de

BERGBAUREMINISZENZ IN DER PROVINZ

Hessisches Braunkohle-Bergbaumuseum

Bergbaumuseen gibt es viele. Das in Borken mag den Nordhessen emotional besonders naheliegen, da es in den 1980er-Jahren dort zu einem Stolleneinbruch und zu einer bemerkenswerten Rettungsaktion kam. Das Richtmikrofon eines *hr*-Fernsehteams, das den Stollen abhörte, rettete 6 der 57 schon aufgegebenen Kumpels das Leben.

Vermutlich hätte kaum jemand vor der spektakulären Rettungsaktion vom Braunkohlebergbau in Nordhessen gesprochen. Die Kohlestaubexplosion in der Grube Stolzenbach brachte Borken unfreiwillig auf die Landkarte. Die Schachtanlage ging nicht mehr in Betrieb, wurde versiegelt und heute erinnert ein Mahnmal an das Unglück vom 1. Juni 1988.

Der weniger gefährliche Tagebau wurde bis 1991 weitergeführt und dann aus wirtschaftlichen Gründen ebenfalls eingestellt. Der Unfall beschäftigte die Justiz bis 2014. Dann wurden die Schadensersatzklagen abgewiesen. Heute erinnert das Bergbaumuseum an wirtschaftlich gute und tragische Zeiten. An insgesamt vier Standorten kann man Bergbaugeschichte atmen, einen Besucherstollen erkunden, aber auch den ehemaligen Tagebau besichtigen. Abgerundet wird das Angebot durch ein Naturschutzzentrum am Borkener See. Denn so heftig die Natureingriffe in der Vergangenheit waren, heute profitiert Borken dank der Rekultivierung davon. Das Borkener Seenland ist dem Tagebau zu verdanken. Zwei der vier ehemaligen Tagebaulöcher präsentieren sich heute als Freizeit-Badeseen. Der Borkener See ist Naturschutzgebiet. Das Angebot der Gegend ist vielfältig und geht von Wandern übers Radfahren bis zum Wassersport. Besonders empfehlenswert ist die Wanderung entlang des Braunkohlerundwegs. Hier wird anschaulich die Wandlung einer Region nachvollzogen.

So wandelte sich eine ehemalige Bergbaustadt in ein Freizeitparadies.

Im Sommer lädt der Borkener Naturbadesee *Stockelache* zum ausgiebigen Badevergnügen inklusive 400 Meter Strand und Wasserrutsche ein.

58

Kulturdorf Niederuff
Rund um die Alte Pfarrei
Parkstraße 3
34596 Bad Zwesten
06693 1619
www.alte-pfarrei-niederurff.de

Obermühle Niederurff
Im Oberdorf 12
34596 Bad Zwesten
www.obermuehle-niederurff.de

TRADITION UND AVANTGARDISMUS

Kulturdorf Niederurff

Kulturdorf wird man nicht automatisch. Meist bedarf es eines oder mehrerer Menschen, die in der dörflichen Gemeinschaft erst einmal als Spinner abgetan werden. So auch im Bad Zwestener Ortsteil Niederurff. Ohne den Kasseler Mediziner Stefan Pollmächer gäbe es vieles nicht, was heute eine Attraktion ist.

Niederurff hat Geschichte – die immer noch bewohnte Burg der Herren von Urff, eine der ältesten Kirchen Deutschlands und vor allem die Alte Pfarrei. Das Gebäude aus dem Jahr 1445 wurde in den 1990er-Jahren vom Mediziner Dr. Stefan Pollmächer gekauft, restauriert und zum künstlerischen Mittelpunkt des Dorfs gemacht. Er wohnt nicht nur hier, das Haus beherbergt auch eine Galerie. Dort finden regelmäßig Ausstellungen, Lesungen und Konzerte statt. Die anfängliche Skepsis ist bei vielen Dorfbewohnern im Lauf der Jahre gewichen. Man nimmt das Angebot an, das sich in der ganzen Region und bis nach Kassel herumgesprochen hat.

Niederurff, ohnehin ein ausgesprochen schönes Dorf, hat damit eine Attraktion mehr. Und der Initiator wäre nicht er selbst, wenn es darüber hinaus nicht noch mehr gäbe, was einen Besuch lohnt. Stefan Pollmächer und seine Mitstreiter haben vor Jahren das Projekt *Art-Garten* gegründet. Skulpturen und Kunstobjekte der Moderne haben so auf 2.000 Quadratmetern den Weg ins Dorf oder in die Natur gefunden. Die Objekte sind der Witterung ausgesetzt und verändern sich damit.

Sehenswert außerdem ist noch die Obermühle. Das ziemlich heruntergekommene Gelände wurde vor Jahren von René Hublitz gekauft und wird nun Zug um Zug restauriert. Das Wasserrad dreht sich inzwischen wieder, aber es gibt vieles, was noch ansteht. Die Außenbereiche der Mühle sind aber seit Jahren einen Besuch wert.

Neben all der anregenden Kunst empfiehlt es sich, das Dörfchen bei einem Spaziergang einfach auf sich wirken zu lassen.

59

Altstadt Treysa
Startpunkt: Totenkirche
Burggasse 1
34613 Schwalmstadt-Treysa
06691 207400
www.schwalm-touristik.de

Museumsbahnverein Eisenbahnfreunde Treysa e.V.
Bahnbetriebswerk
34613 Schwalmstadt-Treysa
06698 9110441
www.eftreysa.de

Tischlein deck dich

Sagenhafter Spaziergang durch Treysa

Treysa erschließt sich dem Besucher nicht sofort. Wenn man in das Städtchen hineinfährt, muss man sich erst in den Stadtkern und zum Marktplatz durcharbeiten. Angekommen, erkennt man aber den Charme, den die sonstige Umgebung nicht bieten kann.

Diese Altstadt erkundet man am besten zu Fuß. Man beginnt an der Pfarrkirche St. Martin, Totenkirche genannt, die seit 1830 eine Ruine ist. Ihr Glockenturm, das Wahrzeichen von Treysa, wird auch Buttermilchturm genannt. Dieser Name beruht auf einer Sage, nach der die Bürger während einer Belagerung für den Feind sichtbar den Turm mit Buttermilch gestrichen haben sollen, um zu demonstrieren, man habe noch reichlich Vorräte in der Stadt. Die List soll aufgegangen und der Feind abgezogen sein. Ein traumhafter wie sagenhafter Ort ist der Marktplatz von Treysa direkt vor dem Alten Rathaus. Hier steht inmitten eines wunderbaren Fachwerkensembles der Ruhlandsbrunnen mit dem sogenannten Johannismännchen. Es ist eine Rolandsfigur als Sinnbild der Marktgerechtigkeit. Es könnte aber auch sein, so die Sage, dass es ein Erinnerungsstandbild für einen Häftling namens Johannes Ruhland war. Der sollte Straffreiheit bekommen, wenn es ihm gelänge, die erhöhte Oberstadt mit Wasser zu versorgen. In der Sage wie im richtigen Leben muss es gelungen sein. Davon zeugt der Brunnen. So gibt es viele Ecken, die Sagenhaftes und Absonderliches zu Tage bringen. Der Hexenturm zum Beispiel lässt einen gruseln, wenn man das in der Mitte des Turms vorhandene Angstloch sieht. Hier hat man die Verdächtigen ins Verlies herabgelassen. Die Chance zu entkommen war gleich Null.

Auch Treysa als eines der Zentren der Schwalm beruft sich auf die Märchentradition der Grimms. Etwa 60 Prozent der ersten Sammlung sollen aus der Region stammen. So hat man, neben anderen, den Goldesel aus dem *Tischlein deck dich* in der Bahnhofstraße als Skulptur aufgestellt.

Treysa ist ein Mekka für Bahnfans. Ein Verein pflegt die Dampftradition im ehemaligen Bahnbetriebswerk und veranstaltet Sonderzugfahrten.

60

Museum/Malerstübchen Willingshausen
Merzhäuser Straße 1
34628 Willingshausen
06697 1418
www.malerkolonie.de

Willingshausen Touristik
Gerhardt-von-Reutern-Haus
Merzhäuserstrasse 1
34628 Willingshausen
06697 1418
www.willingshausen.de

MALERKOLONIE IN DER SCHWALM

Kunstmuseum Malerstübchen

Hier kommt der jüngere Grimm-Bruder Ludwig Emil ins Spiel. Er gründete mit seinem Malerkollegen Gerhardt von Reutern eine der ältesten Malerkolonien Europas, und das mitten im damaligen Nichts. Vermutlich war es der Hang zur bäuerlichen Landschaftsmalerei, der zu Beginn des 19. Jahrhunderts einsetzte und zur Ansiedlung der Künstler führte.

Verwandtschaftliche Beziehungen spielten bei der Ansiedlung eine wichtige Rolle. Gerhardt von Reutern war als russischer Offizier in der Völkerschlacht bei Leipzig schwer verwundet worden und mietete sich bei den Schwiegereltern seines Bruders, der Familie von Schwerdtzell, in Willingshausen ein. Dass er mit dem Malen begann, hatte er Goethe zu verdanken, der sein Talent entdeckte. Also wurde drauflos gepinselt und das sogar mit Erfolg. Auf diese Weise hängen heute sogar Bilder mit Schwälmer Trachten in der Eremitage in St. Petersburg. 1824 kam Ludwig Emil Grimm, damals Professor an der Kasseler Kunstakademie, nach Willingshausen. Dieses Zusammentreffen war quasi das Gründungsdatum der Künstlerkolonie. Damals völlig unüblich, gingen die beiden Maler raus in die Natur und malten dort. Erst ab 1849 bekam die Kolonie so etwas wie internationalen Rang. Die Kunstrichtungen änderten sich, die Malerkolonie hielt sich. Etwa 300 Künstler waren im Lauf der Jahre Gast oder ständig anwesend in Willingshausen und Umgebung. Eine komplette Chronik samt aller Diskussionen um Kunstrichtungen und politische Verstrickungen würde zu weit führen.

In der Gegenwart, 1977 gegründet, hält nun das *Malerstübchen* als Museum die Kunsttradition von Willingshausen aufrecht. Das kann man besichtigen und dabei neue und alte Werke bis hin zu Ludwig Emil Grimm ansehen. Mehrere Künstler halten den einstmals berühmten Betrieb aufrecht. Sie bieten Kreativkurse für Interessierte an. So erschließt sich die Kunst jetzt jedermann in der beschaulichen Umgebung, die schon Grimm animierte.

Für Führungen im Malerstübchen ist eine vorherige Anmeldung erwünscht.

61

Kloster Haydau
In der Haydau 6
34326 Morschen
05664 930041
www.klosterhaydau.de

Erlebnisregion Mittleres Fuldatal e. V.
Poststraße 17
36189 Rotenburg an der Fulda
06623 9136442
www.mittleres-fuldatal.de

TRADITION IM MALERISCHEN FULDATAL

Kloster Haydau und Handwerk-Erlebnisroute

Das Mittlere Fuldatal ist landschaftlich wunderschön, die Orte und Örtlichkeiten sehr traditionell geprägt. Als Ausgangspunkt empfiehlt sich der Besuch des Klosters Haydau in Morschen, um von dort aus das Tal und die Attraktionen der Handwerk-Erlebnisroute zu erkunden.

Am Anfang stand ein Zisterzienserinnenkloster aus dem Jahr 1235, das nach der Reformation aufgelöst wurde. Ganz weltlich diente es ab 1527 als landgräfliches Jagdschloss und wurde ab 1830 als landwirtschaftliche Domäne genutzt. Diese wurde erst 1940 aufgelöst, danach kümmerte sich jahrzehntelang niemand um Haydau. Erst in den 1980er-Jahren begann die Restaurierung. Das Rathaus von Morschen zog ein und inzwischen dient die Anlage als Tagungsstätte mit angeschlossenem Hotelneubau. Neben dem Tagungsbetrieb wird die Sanierung heute noch fortgesetzt. Lohnenswert ist der Besuch hauptsächlich wegen der wundervollen Gartenanlage, die zum *European Garden Heritage Network* gehört.

Die Nähe zu Natur und althergebrachtes Handwerk sind zwei der Vorzüge des Mittleren Fuldatals. Also beschloss man vor einigen Jahren, in Zusammenarbeit mit lokalen Betrieben aus dem Fundus der Traditionen einen touristischen Magneten zu schaffen. Die Handwerk-Erlebnisroute gibt heute Einblick unter anderem ins einstige Korbflechten und Brotbacken. Die Bevölkerung gewährt Einblick in Werkstätten, Höfe und Läden.

Die Palette reicht von der Seifenherstellung über einen Schusterbetrieb, Goldschmieden bis zum Keramikparadies oder einem Kerzentunker. Biolandwirtschaft, eine Brauerei, eine Eiscrememanufaktur und Hofläden runden das Angebot ab. Altes wird neu belebt und zieht an. Kurse für Besucher werden angeboten genauso wie Kräuterwanderungen. Effekt: Nicht nur die Kirche bleibt im Dorf, sondern auch die notwendige Infrastruktur kam Zug um Zug zurück. Heimat »at ist best!«

Die Fülle lässt sich kaum erahnen und ist in einer Broschüre zusammengefasst, die man sich von der Website der Handwerkerroute herunterladen kann.

KREIS HERSFELD-ROTENBURG

62

Altstadtspaziergang
Rund um den Marktplatz
36199 Rotenburg
an der Fulda

Touristeninformation Rotenburg
Marktplatz 2
36199 Rotenburg an der Fulda
06623 5555
www.mer-rotenburg.de

HEXENKRAUT UND FULDABOCK

Spaziergang durch die Altstadt

Wer über die Bundesstraße Rotenburg erreicht, ist gut beraten, nicht weiterzufahren, sondern am nicht besonders einladenden *Rotenburgzentrum* rechts abzubiegen und sein Auto in der Nähe der Altstadt abzustellen. Der historische Kern entlohnt für das schmucklose Entree der ehemaligen Kreisstadt.

Fachwerk soweit das Auge reicht, ein malerischer Marktplatz mit dem Alten Rathaus und der Jacobikirche. Natürlich kann man sich durch das Gassengewirr treiben lassen. Wer mehr erfahren will, dem empfehle ich eine Stadtführung. Der Gang mit Hexe Walburga zum Beispiel lässt tief blicken. Hexen hatten es nicht leicht in früheren Zeiten, folglich nähert sich heute noch Walburga dem Rotenburger Hexenturm nur auf maximal elf Schritte. 1739, erzählt sie, habe man hier die angeblich letzte Hexe eingesperrt und verhungern lassen. Deshalb verzaubere sie Besucher heute nur noch mit ihrer Heimat. Dies gelingt ihr übrigens zauberhaft.

Die Altstadt wartet mit vielen geschichtsträchtige Gebäuden auf. Die eindrucksvollsten Fachwerkfassaden findet man aber direkt an der Fuldabrücke am alten Wehr mit historischer Schleuse. Ja, die Fulda sei einst schiffbar gewesen, lässt Hexe Walburga wissen. Landgraf Moritz habe um 1600 die Schifffahrt bis nach Bad Hersfeld eröffnet. Auf den sogenannten »Fuldaböcken« seien Waren transportiert worden.

An der Schleuse eröffnet sich ein schöner Blick aufs Fuldawehr. Dreht man sich um, schaut man auf ein gewaltiges historisches Gebäude: Das Rotenburger Schloss war Residenz der hessischen Landgrafen. Heute ist dort die Landesfinanzschule Hessen untergebracht. Es sei die »Schule der modernen Folterknechte«, merkt Hexe Walburga an und überreicht einen Zaubertrank zum Schutz. So gewappnet wird der weitere Spaziergang durch die Altstadt zum entspannten Vergnügen.

Als Blickfang dienen die in der Altstadt stehenden Bronzefiguren mit Rotenburger Alltagsszenen, geschaffen vom regionalen Künstler Prof. Ewald Rumpf.

68

Festspiele
(Juni–August)
Hauptspielstätte:
Stiftsruine
Im Stift 6
36251 Bad Hersfeld

Bad Hersfelder Festspiele
Am Markt 1
36251 Bad Hersfeld
06621 640200
www.bad-hersfelder-festspiele.de

RUINE, DIE DIE WELT BEDEUTET

Festspiele rund um die Stiftsruine

Nicht dass Bad Hersfeld durchgehend keinen Reiz hätte, aber zur Festspielzeit kommt Leben in die kleine Stadt, die sich zu Recht als ein kulturelles Zentrum in Nordhessen fühlen darf. Dann trifft man Stars auf der Straße und erfreut sich an außergewöhnlichen Inszenierungen in ausgefallener Kulisse.

Hersfeld ist vielfältig: große Stadtgeschichte, das Lullusfest, ältestes Volksfest Deutschlands im Herbst, Kurbetrieb. Auf der Bekanntheitsskala stehen die jährlichen Festspiele aber an erster Stelle. Die Hauptspielstätte ist das Stift, die größte romanische Kirchenruine der Welt. Hier wurde schon immer mal dem dramatischen Drang gefrönt, die eigentlichen Festspiele gibt es seit 1951. Seitdem haben unzählige Stars Bad Hersfeld beglückt.

Es ist ein bemerkenswertes Spektakel, wenn sich am Abend das Publikum aufmacht, um Klassisches von Goethe und Shakespeare, moderne Klassiker oder auch Musicals zu konsumieren. Vom Marktplatz aus zieht die Karawane durch einen kleinen Park zur Stiftsruine. Das Publikum hat es gut. Es ist auch an feuchten Tagen durch eine Zeltüberdachung geschützt. Die Schauspieler hingegen stehen, wenn es leicht nieselt, im wahrsten Sinne des Wortes im Regen. Das tut aber der Begeisterung keinen Abbruch. Trotzdem war es schwierig in den letzten Jahren. Ein Intendant geschasst, einer stolperte über *#metoo*. Danach galt es wieder Ruhe und trotzdem künstlerische Qualität einkehren zu lassen. Dem derzeitigen Intendanten Joern Hinkel scheint das gelungen zu sein. Friede mit der Stadt, anspruchsvolles und experimentelles Programm, steigende Besucherzahlen. So geht es in Bad Hersfeld hoffentlich erfolgreich weiter mit einem der bekanntesten und qualitativ besten Theaterfestivals Deutschlands.

Wer vor der Vorstellung gut essen möchte, dem sei das Restaurant im Hotel zum Stern am Linggplatz empfohlen (www. zumsternhersfeld.de).

64

wortreich
Benno-Schilde-Platz 1
36251 Bad Hersfeld
06621 794890
www.wortreich-badhersfeld.de

WORTREICHE WERTE

Sprachmuseum Wortreich

Für ein solches Museum brauchte es Menschen, die in der Geschichte von Bad Hersfeld eine wichtige Rolle gespielt haben.

Es waren einmal zwei Wissenschaftler. Konrad Duden war es leid, dass im 19. Jahrhundert die Bewertung der deutschen Rechtschreibung von der lokalen Herkunft des jeweiligen Lehrers abhängig war. Er verfasste 1880 das erste deutsche Rechtschreibwörterbuch. Es wurde nach ihm benannt. Konrad Zuse kam von der mathematischen Seite und entwickelte 1941 quasi den ersten funktionsfähigen Computer. Duden wurde zur Legende, dieses Glück wurde Zuse nicht zuteil. Er baute in seiner Firma bis 1964 noch mehrere Elektronengehirne, scheiterte dann aber wirtschaftlich. Heute ist man stolz auf die beiden Konrads und würdigt sie im Park gleich hinter der Stiftsruine mit einem Denkmal.

Seit 2011 gibt es die Kommunikationserlebniswelt, die ihresgleichen sucht. Macht es, insbesondere Kindern, meist wenig Spaß, die eigene Sprache zu reflektieren oder gar Rechtschreibung zu pauken, so bietet das *Wortreich* den Großbereich durchgehend spielerisch an. Begleiter der Besucher ist die Kunstfigur Konrad. Er begleitet die Besucher zu über 80 Mitmachstationen: Vom Abkürzungsspiel (was verbirgt sich hinter welcher Abkürzung) bis zum Tierstimmenmemory und einem Fernsehstudio lässt sich die Welt verbaler und nonverbaler Kommunikation austesten. Man trägt auch neueren Formen, wie dem 3D-Drucker, Rechnung. Hier können insbesondere Erwachsene ihre Kenntnis einer neuen Sprache austesten. Und den Festspielen huldigt man spielerisch mit Theaterkaraoke für Selbstdarsteller.

Der Eingang des Wortreichs sieht aus wie ein offenes Buch, der Anfang. Wer durch ist, hat weitere zehn Kapitel unserer Kommunikation aufgeschlagen, gespielt, Spaß gehabt und ist neugierig geworden.

Auf Märchenfans wartet im *Wortreich* eine Führung mit dem tapferen Schneiderlein, die einem Bad Hersfeld näherbringt.

65

Kaliberg bei Phillipstal
36269 Philippsthal

Schloss Philippsthal
Schloss
36269 Philippsthal
06620 92100
www.philippsthal.de

Kali, Salz und Geschichte

Kaliberg und Schloss

Philippsthal ist ein Kuriosum. Es mag nicht zum Pflichtprogramm in Nordhessen gehören, aber es ist ein von alter wie jüngerer Historie geprägter Lieblingsplatz. Man findet ein Schloss, eine Orangerie und einen alles überragenden weißen Berg, den man hässlich oder auch schön finden kann. Mit Berg und Schloss treffen nicht nur zwei gegensätzliche Wahrzeichen aufeinander, sondern auch Geschichte und Gegenwart.

Wer über die Bundesstraße 62 auf Philippsthal zufährt, sieht erst einmal den riesigen Kaliberg und zu seinen Füßen ein eher hässliches Industriegebiet. Hier verdient der Ort sein Geld. Der Kasseler Konzern K+S fördert hier Kalisalze, die vornehmlich zu Düngemitteln verarbeitet werden. Der Abbau erfolgt unter Tage und die weiße Abraumhalde ist gewissermaßen zum Wahrzeichen des Örtchens geworden.

Nichts reizt auf den ersten Blick zum Verweilen. Es nicht zu tun wäre dennoch ein Fehler, denn überquert man die Werra, gelangt man zum Schloss und zu einem wunderschönen Schlosspark mit Orangerie. Gebaut wurde das wunderbare barocke Ensemble im Auftrag der Landgrafen von Hessen-Philippsthal zwischen 1685 und 1735. Sind die Gebäude von außen schon schön anzusehen, so ist es aber der 50.000 Quadratmeter große Schlosspark, der mich fasziniert. Innerhalb des komplett »eingemauerten« Parks bekommt der Begriff vom Lustwandeln eine neue Qualität. Wer mit Kindern unterwegs ist, kann im Park mit einem Abenteuerspielplatz punkten.

Unmittelbar an der thüringischen Grenze liegend zeichnen sich Philippsthal und die Nachbargemeinde Vacha durch eine Kuriosität aus. Während der deutschen Teilung ging die Grenze hier mitten durch das Gebäude einer Druckerei. Als die Schließung der Grenze drohte, mauerten die Besitzer den östlichen Teil des Gebäudes zu, um damit sicher zum Westen zu gehören. So war die Druckerei Hoßfeld über ein Jahrzehnt ein eindrückliches Dokument der deutschen Teilung.

Informativ ist das Grenzmuseum im Torbogenhaus des Schlosses.

WERRA-MEISSNER-KREIS

66

Heldra
Startpunkt: Dorfmuseum
August-Hermann-Francke-Platz
37281 Wanfried-Heldra
05655 8259
www.wanfried.de

Herberge im Kleegarten
Vor der Lücke 1
37281 Wanfried-Heldra
05655 923444
www.herberge-im-kleegarten.de

DER ZIPFEL UND DIE DEUTSCHE EINHEIT

Dorf Heldra und Heldrastein

Neben der Werraromantik warten hier eine Lektion in deutsch-deutscher Geschichte sowie – vom Heldrastein und dem dort stehenden Turm der Einheit – ein fabelhafter Blick in die einstmals geteilte Landschaft von Hessen und Thüringen.

Heute trifft man in Heldra auf die fast perfekte Idylle. Die Werra schlängelt sich durch eine romantische Mittelgebirgslandschaft. Dies war nicht immer so, denn Heldra befand sich bis zur Wende 1989 in einer geografischen Sondersituation. Der Ort konnte bis 1990 nur nördlich von Eschwege aus angefahren werden, denn Heldra war komplett vom Staatsgebiet der DDR umschlossen. Das sorgte in Zeiten der Teilung für einen regen Presse- und Ausflugstourismus. Auch wenn man von den Informationspunkten kaum in die DDR hineinschauen konnte, man hatte das Gefühl nah dran zu sein an der unmenschlichen Grenze.

Diese Besonderheit wurde noch durch den namensgebenden Berg, den 503 Meter hohen Heldrastein, verstärkt. Der Berg mit seinem über 60 Meter zur Werra hin abfallenden Steilfelsen bot von einem zusätzlichen Beobachtungsturm hervorragende Abhörmöglichkeiten der Stasi in Richtung Westen. Dieser Turm war nach der Wende ein ziemlicher Zankapfel. Immerhin gelang es einer Bürgervereinigung, das Gebäude zu erwerben und mit Spenden wieder der zivilen Nutzung zuzuführen. Heute zeugt von der Zeit des Heldraer Zipfels nur noch das Heimatmuseum.

Heldra ist, dank Heldrastein und Turm der Einheit, ein beliebtes Wanderziel. Zahlreiche Wege führen von der Ortsmitte in die Natur. Und wer zurückkommt, kann in der *Herberge im Kleegarten* wunderbar einkehren und auftanken. Der Ort selbst bietet restaurierte Häuser mit großer Geschichte. Das Steuben-Haus gehört zu den Attraktionen. Die Vorfahren des berühmten amerikanischen Generals von Steuben stammten aus Heldra.

Für Übernachtungsgäste bietet der Kleegarten einige einfache romantische Zimmer und, als besonderen Clou für Minimalisten, ein Strohsacklager.

67

Führungen: Kultur- und Verkehrsverein Wanfried e.V.
Ringstraße 22
37281 Wanfried
05655 9235855547
www.kvvw.de

Ute Baden
37281 Wanfried
05655 92118

DER PERLEN- UND BEERENWICHT

Suche nach dem Brombeermann

Dass Wanfried heute so märchenhaft daherkommt, hat es zwei Personen zu verdanken, die sich für die Tradition des Erzählens einsetzten. Da war der Heimatforscher Wilhelm Pippart, der alte Geschichten sammelte und aufschrieb. In der Gegenwart ist es Gästeführerin Ute Baden, die in der Gestalt der Gänsegretel die Sagen und Märchen mit Führungen und Erzählabenden am Leben erhält.

Wenn man der Gänsegretel glaubt, so liegt der Ursprung des Brombeermanns in der Gestalt eines Wichtels, der zur Gefolgschaft der Frau Holle gehörte. Die »Herrin des Meißners« liebte den Sommer im Werratal und machte regelmäßig Ausflüge, zum Beispiel auf die Plesse, einen Berg bei Wanfried. Dort soll sie eines Sommers gesessen haben. Der Wurzelmann, der eigentlich die Aufgabe hatte, die Schätze der Frau Holle zu bewachen, spielte mit ihrer Perlenkette, verfing sich in den Zweigen und zerriss das kostbare Stück. Die Holle war erbost und befahl dem Wichtel, die Perlen, die sich in Beeren verwandelt hatten, wieder einzusammeln. Allerdings müsse er fertig sein, bevor der Waldkauz zum dritten Mal rufe. Der Zwerg machte sich an die Arbeit, schaffte es aber nicht, denn immer, wenn er zur letzten Beere griff, schrie der Kauz und das Spiel begann von vorn. – So soll es tausend Jahre gegangen sein, bis Frau Holle ein Einsehen hatte, dem Zwerg half und so schloss sich ihre Hochzeitskette und der Bann war gebrochen.

Die Schauplätze lassen sich erwandern. Von Wanfried hinauf zur Plesse und von dort zum Elfengrund. Hier soll sich das Sammeldrama abgespielt haben. Die Tour in Begleitung von Ute Baden gehört zu den märchenhaften Highlights eines Ortes, der in der deutsch-deutschen Geschichte durch seine Lage nicht eben verwöhnt wurde.

Heute ist der Brombeermann in Wanfried allgegenwärtig.

Wanfried hat in der Gegenwart für Schlagzeilen gesorgt, weil es alte Fachwerkhäuser mit Riesenerfolg an niederländische Bürger verkauft und so die Bausubstanz erhalten hat.

68

Werratalsee
Startpunkt:
Knaus Campingpark
Am Werratalsee 2
37269 Eschwege
05651 338883
www.knauscamp.de

Werranixe
Anlegestelle:
Am Werratalsee 6
37269 Eschwege
05651 338032
www.werranixe.de

LA PALOMA AUF DEM BAGGERSEE

Freizeitparadies Werratalsee und Werranixe

Unmittelbar an die Kreisstadt Eschwege schließt sich ein besonderes Angebot an. Der Werratalsee ist beliebter Anlaufpunkt wegen seines Strandbads, dem erstklassigen Campingplatz und in den letzten Jahren immer öfter wegen der Werranixe und der Minikreuzfahrt, die man auf ihr erleben kann.

Die ehemalige Kiesgrube ist ein echtes Freizeitparadies mit einer Fläche von rund 60 Hektar. Nach der Renaturierung des Tagebaus wurde am Südufer in Eschwege ein Strandbad angelegt. Der Sandstrand mit DLRG-Überwachung gehört zu den festen Freizeitgrößen der Eschweger. Manch einer fährt im Sommer, direkt nach Büroschluss, zum See und gönnt sich eine Abkühlung im Wasser. Aber auch für die Urlauber wurde gesorgt. Ein inzwischen mit fünf Sternen ausgezeichneter Campingplatz bietet für Urlauber alles, was das Herz begehrt. Der Platz ist besonders beliebt bei Wohnmobilbesitzern. Der See ist heute Anziehungspunkt für Badegäste genauso wie für Radler und Wanderer, denn er lässt sich auf einer sieben Kilometer langen Route einfach umrunden. Er ist zudem seit einigen Jahren Austragungsort der Hessischen Rudermeisterschaften. Die eigentliche Attraktion verdankt der See aber dem Metzgermeister Reinhold Bretschneider aus Meinhard-Schwebda am Ostufer des zwei Kilometer langen Sees. Er kam auf die Idee mit der Werranixe. Sie ist keine Märchenfigur, sondern ein handfestes umweltfreundliches Elektroausflugsboot mit dem Heimathafen Schwebda. Von hier startet der Metzgermeister in der Saison bis zu vier Mal pro Tag zu einer Rundfahrt über sein Meer. Was als Schwärmerei begann, hat sich zu einer festen Größe entwickelt. Einheimische wie Touristen wollen die Werranixe nicht mehr missen.

Reinhold Bretschneider hat sich seinen Traum vom Kapitänsdasein erfüllt und schippert seine Gäste bei Kaffee und Kuchen über sein Weltmeer. Einsteigen kann man auch auf der Eschweger Seite des Sees in Höhe des Campingplatzes. Dass er darüber hinaus Qualitäten eines Alleinunterhalters besitzt, macht die Rundfahrten zusätzlich abwechslungsreich. Seine Kommentare über den Bordlautsprecher sorgen für großes Vergnügen. Spätestens aber wenn er auf seiner Trompete *La Paloma* anstimmt, hat er die Gäste auf seiner Seite.

Besonders beliebt sind die Sonnenuntergangsfahrten auf der Nixe inklusive eines Büfetts aus dem eigenen Fleischerbetrieb.

69

Eschwege
Startpunkt:
Café-Bistro Hemingway
Marktplatz 9
37269 Eschwege
05651 76700
www.hemingway-eschwege.de

Landgrafenschloss Eschwege
Schlossplatz 1
37269 Eschwege
05651 331985
www.werratal-tourismus.de

ESKINIWACH ODER ESCHEN AM WASSER

Rundgang durch die Stadt

In der Sendung mit der Maus würde man jetzt sagen: »Das war urgermanisch.« In der Tat kommen Stadtname und Erklärung von den alten Germanen und damit ist die Gründung Eschweges irgendwo in die Zeit zwischen 500 und 700 einzuordnen. Genaues weiß man nicht. Immerhin, die Stadt schaut auf eine lange Geschichte zurück

Für die reine Durchreise ist der Verwaltungssitz des Werra-Meißner-Kreises, zu schade. Trotzdem lassen viele Eschwege links liegen auf dem Weg zu anderen Attraktionen der Umgebung, obwohl die Stadt viel bietet.

Eschwege kann sich glücklich schätzen, einen weitgehend erhaltenen Fachwerkkern zu besitzen. Wer Station macht, wird es lieben, durch die engen Gassen, die weitgehend Fußgängerzone sind, zu schlendern. Im Sommer bietet sich dann beispielsweise der Marktplatz als Rastplatz an. Auf ein Getränk oder einen Snack kann man vor dem Bistro Hemingway im Freien sitzen und den direkten Blick auf das alte Rathaus mit seinem neuen Glockenspiel genießen. Zum Anschauen lohnt auch das Landgrafenschloss. Auf einem Turm findet man die Skulptur des Dietemann, der Eschweger Symbolfigur. Eschwege ist gemütlich. Die wunderschöne Szenerie in der Altstadt und am Werra-Ufer hat es jedenfalls nicht verdient, den Mittelpunkt des Werra-Meißner-Kreises zu ignorieren. Wer einen guten Überblick über die Stadt haben möchte, erwandert den Großen Leuchtberg etwa zwei Kilometer vom Stadtzentrum entfernt. Oben angekommen findet man einen der vielen Bismarcktürme Deutschlands. Von dessen Aussichtsplattform öffnet sich das Panorama über Eschwege bis hin zum Meißner und zum Heldrastein.

Das große Spektakel der Stadt zieht die Jugend nach Eschwege. Immer Anfang August bietet Das *Open Flair Festival* Highlights in Sachen Rockmusik, Kabarett und Kleinkunst. Es zieht jährlich um die 60.000 Besucher in die Stadt an der Werra.

Im Park des Landgrafenschlosses finden Märchenfans den Frau-Holle-Brunnen.

70

Holleum – Frau-Holle-Museum
Altes Rathaus
Landgrafenstraße 17
37235 Hessisch Lichtenau
05602 807114
www.hessisch-lichtenau.de
www.naturparkfrauholle.land

DAS HOLLEUM BLICKT HINTER DIE KULISSE

Frau-Holle-Museum

Ein ganzer Landstrich ist geprägt von der Märchenfigur, die auf den ersten Blick im Winter für Furore sorgt. Frau Holle schüttelt ihre Betten, es schneit. Doch das Märchen und die Figur bringen noch viel mehr rüber. So viel, dass man der großen weißen Frau ein eigenes Museum gewidmet hat.

Ein ganzes Museum für eine Märchenfigur? Das Innere des äußerlich unscheinbaren Museums hat es in sich. Denn, so die Gründer, Frau Holle ist nicht nur eine Märchengestalt. Die alte weibliche Erdgottheit, bekannt unter den Namen Frygga, Freya oder auch Hulda, und die Märchenfigur liegen dicht beieinander. Die Göttin lebte in der Unterwelt. Goldmarie springt in einen Brunnen. Heute sagen manche, dass der Frau-Holle-Teich unterhalb des Hohen Meißners Eingang in ihr Reich sei. All diesen Mythen begegnet man im *Holleum* in Hessisch Lichtenau. Die Gemeinde, die sich als Tor zum Frau-Holle-Land versteht, will damit einer vielschichtigen Figur huldigen. Das freundliche Wesen aus dem Märchen, das belohnt, aber auch bestraft, und die finsteren Mächte einer heidnischen Erdgöttin scheinen nicht zusammenzupassen. Erst beim Wandeln durch die vier Erlebniswelten stellen sich Zusammenhänge her. Zunächst wartet ein Stückchen Heimatkunde und Tourismuswerbung mit der Einordnung der Frau Holle in die Welt des Meißners. In der Märchenwelt nähert man sich dem Stoff der Brüder Grimm und den auch hier vorhandenen Varianten. 2015 wurde das Museum um einen Ausstellungsteil über *Die Brüder Grimm in Hessisch-Lichtenau* ergänzt. Er berichtet von den Ausflügen der beiden zum Meißner. Die Unterwelt liefert den mythischen Unterbau und im Zusammenhang damit, lernt man Trollblume, Frauenschuh und Hollerbüsche in der Kräuterwelt kennen.

Hessisch Lichtenau steht ganz im Zeichen der Frau Holle mit einem Park und dem Frau-Holle-Rundweg, auf dem man das kleine Städtchen kennenlernen kann.

Hessisch Lichtenau sollte man sonntags besuchen. Dann ist das Holleum geöffnet.

71

Hoher Meißner
Startpunkt Premiumweg
P1: Wanderparkplatz
Schwalbenthal
an der L3241
37290 Meißner

Barfußpfad
Startpunkt: Jugenddorf
Hoher Meißner 1
37290 Meißner-Vockerode
www.naturpark-mkw.de

FRAU HOLLE LÄSST ES SCHNEIEN

Hoher Meißner

»›Nur musst du recht darauf achtgeben, dass du mein Bett gut machst, und es fleißig aufschüttelst, dass die Federn fliegen, dann schneit es in der Welt; […] ich bin die Frau Holle.‹ Weil die Alte so gut sprach, willigte das Mädchen ein und begab sich in ihren Dienst.«

Natürlich schneit es auf ihrem Berg nicht immer, aber der Hohe Meißner ist das nordhessische Winterparadies für Langläufer. Ich persönlich erwandere das Märchen lieber im Sommer. Es gibt einen 13 Kilometer langen Rundweg, der einen nicht nur über das gesamte Hochplateau führt, sondern auch zu verwunschenen Plätzen wie zum Beispiel der Kitzkammer. Hier soll Frau Holle gewohnt haben und angeblich trifft man immer wieder mal genau dort eine »hohe weiße Frau«. Mir hat sie noch nicht aufgelauert und so blieb mir das Bettenmachen auf 700 Metern über Meereshöhe erspart. Auf halber Strecke findet man dann auf der Kasseler Kuppe den schönsten Blick ins Tal.

Der eigentliche Höhepunkt wartet dann auf dem Rückweg. Nach etwa 1,5 Kilometern erreicht man den Frau-Holle-Teich. Er ist umschlossen von Wald und hat am Ufer ein breites Schilfband. Das garantiert zwar keine Ruhe vor der direkt vorbeiführenden Straße, aber sichert das Überleben der dort siedelnden Frösche. »Gehört« müssten es Tausende sein. Die Frösche sind wichtig, denn angeblich holt »der Storch« auch die kleinen Kinder aus dem Teich. Frau Holle wacht hier, am Eingang ihres Märchenreichs, als dralles, dreieinhalb Meter hohes Holzweibsbild.

Seit Aufstellung der Skulptur im Jahr 2004 streiten nun Märchenforscher und Moralapostel, ob denn, nach grimmscher Darstellung, die alte Frau mit den großen Zähnen, mit so vielen weiblichen Rundungen ausgestattet sein dürfe. Auf das Ergebnis wird man sicher noch lange warten und es spielt auch keine Rolle, schließlich ist diese Frau Holle ein Kind des 21. Jahrhunderts.

Einstieg in die Wanderung am Parkplatz Schwalbenthal an der L 3241. Am Jugenddorf Hoher Meißner in Vockerode befindet sich auch ein Barfußpfad für ein ganz eigenes Naturerlebnis.

72

Jausenstation Weißenbach
Weißenbachstraße 1a
37247 Großalmerode
05604 9191230
www.der-urgeschmack.de

LECKERER URGESCHMACK

Jausenstation Weißenbach

Der Großalmeroder Ortsteil Weißenbach liegt mitten in der weitläufigen Natur des Meißner-Gebiets. Die dortige Jausenstation ist gut versteckt. Normalerweise würden sich Gastronomen darüber Gedanken machen. Matthias Pflüger und sein Team müssen das aber schon lange nicht mehr, denn die Jausenstation ist eine regionale Institution.

Wie sagt doch Matthias Pflüger treffend: »Es ist sehr selten geworden, dass ein Familienbetrieb nahezu alles aus eigener Herstellung anbietet.« Das ist sein großer Trumpf. Der Betrieb ist nicht auf das Restaurant beschränkt. Direkt neben der Gaststube geht es in einen Hofladen. Filialen finden sich in Helsa und Kassel. Nordhessische Spezialitäten, hausgemacht, selbst gebacken, geschlachtet, gewurstet oder aus der Hofkäserei. Fast alles, was auf der Speisekarte steht, lässt sich auch mitnehmen. Die hauseigenen Produkte sind durchweg »Bioland«-zertifiziert. Dazu kommen Produkte aus Meißner Mohn, Fruchtaufstrich, Hochprozentiges und vieles mehr.

Als ich im Spätsommer wieder einmal dort war, lockte die Versuchung in Form von Weckewerk. Das Arme-Leute-Essen, das so zwiespältig beim Publikum ankommt, musste es an diesem Tag sein. Ergebnis: Das beste Weckewerk, das ich je hatte. Nun mag man der Jausenstation zugutehalten, dass das Gericht heute nicht mehr aus Schlachtabfällen gemacht wird wie einst. Hohe Qualität, gereicht mit köstlichem Salat und »schmackigen« Pellkartoffeln. So lässt man sich regionale, ursprünglich einfache Küche gefallen.

Völlig folgerichtig wandelt sich das Restaurant am Abend auch von der Jausenstation zum gern besuchten Restaurant. In regelmäßigen Abständen gibt es besondere Menüangebote. Das genau wünschte ich mir in Kassel, aber vielleicht ist es auch gut, dass solche Genüsse hinter den Bergen, bei Frau Holle, angeboten werden. So bleibt die Jausenstation immer etwas Besonderes.

Direkt vorm Haus ist Frau Holles Blumenwiese, in der Saison ein riesiges blühendes Labyrinth. Man weiß, was man den Bienen schuldig ist.

73

Bad Sooden-Allendorf
Rund um das Gradierwerk/
Werratal-Therme
Am Gradierwerk 2a
37242 Bad Sooden-
Allendorf
05652 958780
www.werrataltherme.de
www.bad-sooden-
allendorf.de

Salzmuseum
Im Söder Tor
37242 Bad Sooden-
Allendorf
05652 2556
www.bad-sooden-
allendorf.de

Alles Salz? – Die Sole hat's!

Erkundung der Stadt

Beim ersten Gang durchs Kurviertel fühlt man sich in ein klassisches Kurbad aus den 1960er-Jahren zurückversetzt. Doch der Eindruck von der verstaubten Atmosphäre eines Badeorts vergangener Zeit täuscht. Hinter der nostalgischen Fassade hat sich in den letzten Jahren viel getan.

Vieles, was noch ein wenig veraltet wirkt, hat seinen Grund. Die jüngere Geschichte hatte dem Kurort ganz schön zugesetzt. Kuren mit Blick auf die Grenze zur DDR gehörten nicht unbedingt zu den Favoriten. Nach der Wende hat sich der traditionsreiche Kurort aber ganz schön gemausert. Die Kurangebote sind reichhaltiger geworden, die Werratal-Therme zieht Gäste an und das Freizeitangebot wurde auf alle Generationen zugeschnitten. Hier kann man seit 1990 »unbegrenzt« wandern, Kanutouren machen oder die Mountainbikestrecken erkunden.

Gekurt wird hier dank der Salzquellen. Die waren schon zu römischen Zeiten umkämpft und dieser Kampf ums »Weiße Gold« brachte den Siegern sehr viel Vermögen ein. So war es auch in Allendorf. Dort saßen die Besitzer der Quellen und ließen ihr Personal auf der anderen Werraseite das Salz sieden. So entstand der heutige Stadtteil Sooden. Die Salzproduktion wurde 1906 eingestellt. Davor eröffnete man jedoch das Badehaus und setzte auf den Kurbetrieb im späteren Bad Sooden mit einem riesengroßen Gradierwerk. Die Geschichte des Salzes lässt sich heute im Salzmuseum im Södertor nachvollziehen. Natürlich hat die Stadt auch eine Frau Holle. Sie schüttelt ihre Betten regelmäßig aus dem Södertor.

Die Stadt versucht, Schritt zu halten. Das ist in der eher strukturschwachen Umgebung nicht einfach. Immerhin: Allendorf hat ein schönes Stadtbild. Der historische Reichtum zeigt sich durch viel prächtiges Fachwerk und lädt zum Bummeln ein. Das Café Ahle Schinn hat einen wundervollen Biergarten mit Blick auf die Werra

Am Brunnen vor dem Allendorfer Steintor steht eine uralte Linde. Sie soll den Dichter Wilhelm Müller zu den Versen inspiriert haben, aus denen das Franz-Schubert-Lied *Am Brunnen vor dem Tore* wurde.

74

Grenzmuseum Schifflersgrund
Platz der Wiedervereinigung 1
37318 Asbach-Sickenberg
036087 98409
www.grenzmuseum.de

GEDENKEN HAUTNAH

Grenzmuseum Schifflersgrund

Grenzmuseen und Gedenkstätten entlang der ehemaligen deutsch-deutschen Grenze gibt es viele. Der Schifflersgrund war das erste. Seit der Eröffnung am 3. Oktober 1991 besuchen es jährlich rund 45.000 Besucher. Es zeichnet sich nicht nur durch einen erhaltenen ehemaligen Grenzstreifen, sondern auch durch eine besondere »Sammelwut« der Betreiber aus, was militärische Fahrzeuge und Hubschrauber betrifft.

Auch wenn die Ausstellungsgebäude vergleichsweise klein daherkommen, das Grenzmuseum besticht durch seine große Ausdehnung. Hier findet man den mit 1,5 Kilometer Ausdehnung längsten noch existierenden Grenzstreifen im Originalzustand. Auf dem Museumsgelände steht noch ein 11 Meter hoher Beobachtungsturm sowie unendlich viele Militärfahrzeuge und Panzer der Nationalen Volksarmee.

Es liegt in der Natur der Grenze, dass das Gelände sowohl in Hessen als auch in Thüringen liegt. Um hinzukommen, fährt man von Bad Sooden-Allendorf nach Thüringen hinein. Heute geht das über die Kreisstraße 59 fast unbemerkt. Einmal links abbiegen und man erreicht das Museum, das sich als schmaler Streifen an der Grenzlinie entlangzieht. Die Ausstellungen bieten viele Dokumente und Anschauungsmaterial. Die originalgetreue Nachbildung des sogenannten Doppelzauns lässt einen schaudern. Das Museum spart auch nicht mit Schockelementen. Die Geschichte des Grenzflüchtlings Heinz-Josef Große, der 1982 versuchte, per Frontlader-Traktor die Grenze zu überwinden, steht im Mittelpunkt der Ausstellung. Dass Große jenseits des Zauns nach neun Gewehrschüssen verblutete, individualisiert die Menschenverachtung dieses Systems.

Wer vor 1989 die Grenze nicht sehen konnte oder die deutsche Teilung, inklusive bewachter Grenze und Schießbefehl, nur aus Geschichtsbüchern und Filmen kennt, dem möchte ich dieses Museum ans Herz legen.

Zum dreißigsten Jubiläum 2021 plant das Museum aktuell eine Vielzahl von Änderungen, die die Erinnerung an die Grenzanlagen noch authentischer machen sollen.

75

Burg Hanstein
Startpunkt: Parkplatz Burg Hanstein
Hansteinstraße
37318 Bornhagen
036081 67856
www.burgruine-hanstein.de

Jugendburg Ludwigstein
37214 Witzenhausen
05542 501710
www.burgludwigstein.de

RAUBRITTERTUM UND JUGENDBEWEGUNG

Burg Hanstein und Burg Ludwigstein

Das Werratal zeichnet sich dadurch aus, dass man dort bis zum Wendejahr 1989 den Blickkontakt zur DDR hatte. Ein besonders lauschiges Plätzchen liegt auf halber Strecke zwischen Witzenhausen und Bad Sooden-Allendorf. Hier stehen sich auf Thüringer Gebiet, im Örtchen Bornhagen, die Burgruine Hanstein und etwa drei Kilometer südwestlich – in Hessen – Burg Ludwigstein gegenüber.

Zuerst gab es Burg Hanstein. Die Brüder Hanstein bekamen zu Beginn des 14. Jahrhunderts vom Mainzer Erzbistum eine Ruine überlassen, die sie zu einer Burg ausbauten. Etwa 100 Jahre später gingen deren Nachfahren zum Raubrittertum über, und Landgraf Ludwig I. errichtete 1415 Burg Ludwigstein zum Schutz der Bevölkerung und reisender Händler im Werratal. Im Dreißigjährigen Krieg wurde Hanstein zur Ruine. Ludwigstein wurde nie ernsthaft angegriffen, aber im 19. Jahrhundert verlassen.

1920 kauften Mitglieder der Wandervogel-Bewegung die Burg und restaurierten sie. Nach dem Zweiten Weltkrieg engagierten sich dort Jugendverbände und Pfadfinder. Heute ist Ludwigstein Jugendherberge. Hanstein hingegen fungierte zu DDR-Zeiten als Grenzbeobachtungsposten. Nach der Wende wurde die Ruine instand gesetzt.

Mich fasziniert der atemberaubende Blick über Wälder und Werra auf Burg Ludwigstein. Wer damit sowie Kaffee und Kuchen im Burgcafé, glücklich ist, der hat etwas verpasst. Ein Wanderweg verbindet die Burgen. Der Beginn ist beschwerlich, weil schlecht befestigt und steil. Hat man die Landstraße erreicht, die aus dem Werratal nach Bornhagen führt, dann wird der Weg entspannter. Hier findet man auch einen Gedenkstein, der an die deutsch-deutsche Grenze erinnert. Nach der Werra-Überquerung steigt der Weg wieder sanft an. Am Ziel kann man sich auf der Terrasse stärken und feststellen: Man hat sich bewegt, Geschichte erfahren und einen schönen Tag verbracht. Das macht zufrieden.

Auf Ludwigstein ist das Archiv der deutschen Jugendbewegung. Dokumente der Jugendbewegung von 1890 bis heute sind dort einsehbar.

76

Kirschenstadt Witzenhausen
Rund um Schinkels Brauhaus
Burgstraße 20
37213 Witzenhausen
05542 911210
www.schinkels-brauhaus.de

Tourist-Information Witzenhausen
Am Markt 12
37213 Witzenhausen
05542 60010
www.kirschenland.de

DAS KIRSCHENKÖNIGREICH

Rundgang durch die Kirschenstadt

Kirschanbaugebiete gibt es viele in Deutschland. Witzenhausen hat es aber verstanden, das leckere Obst geschickt in die Tourismuswerbung einzubinden – zu Recht. Wer einmal zur Kirschblütezeit rund um Witzenhausen gewandert ist, weiß warum: Schöner kann der Frühling nicht aussehen.

In Witzenhausen wird man von Ihrer Majestät der jeweils amtierenden Kirschenkönigin empfangen und geht am besten gleich auf den Kirschenerlebnispfad. Man legt Wert darauf, dass es sich nicht um einen Lehrpfad handelt, sondern dass das eigene Erleben im Vordergrund steht. An insgesamt 17 Erlebnisstationen erfährt man fast alles über die Süßkirsche. Das beginnt mit der Erkenntnis, dass es zahlreiche Sorten gibt, dass es notwendig ist, auch alte Sorten zu erhalten und dass ohne Bienen die Obstwirtschaft ziemlich aufgeschmissen wäre. Für kleine und große Kinder wartet dann noch ein kleines Abenteuer: Die Besteigung einer Baumkrone.

Das Näherbringen des Steinobstes hat auch mit der Bedeutung Witzenhausens als Universitätsstadt zu tun. Die Universität Kassel betreibt hier den Fachbereich Ökologische Agrarwissenschaften. Die Existenz der Hochschule hat dazu geführt, dass es im Werratal unzählige Öko-Landwirtschaftsbetriebe gibt. Gesund genießen sollte man unbedingt auch das Öko-Bier in Schinkels Brauhaus. Überhaupt kommt man an den Schinkels nicht vorbei. Der Anfang war eine Getreidemühle. Es folgte eine Bäckerei, dann die Kombination mit einer Hausbrauerei und seit einigen Jahren gibt es im Brauhaus im Sommer das *Witzenhüsser Kirsch*. Das Bier, das nicht »Bier« heißen darf, schmeckt vorzüglich. Kein Wunder, dass das Brauhaus gern gesehener Gast bei allen Volksfesten ist. Und damit schließt sich der Kreis zur Kirsche. Das höchste Fest der Witzenhäuser ist die Kesperkirmes jährlich im Juli. Hier wird jeweils Ihre Hoheit, die neue Kirschenkönigin, gekrönt und die Deutsche Meisterschaft im Kirschsteinweitspucken ausgetragen.

Zur Kirschblüte im April findet an einem Sonntag immer ein großer Wander- und Walkingtag statt.

11

Tropengewächshaus Universität Kassel

Gewächshaus für tropische Nutzpflanzen
Steinstraße 19
37213 Witzenhausen
05542 981231

Grüne Gedanken im Dschungel

Tropengewächshaus

Bananenstauden und meterhohe Palmen mitten in Nordhessen? Das geht nur im Tropengewächshaus der Universität Kassel/Witzenhausen. Damit dürfte Witzenhausen einer der kleinsten Uni-Standorte Deutschlands sein und gleichzeitig einer der innovativsten. Forschung und Naturerlebnis der besonderen Art verbinden sich hier aufs Feinste.

Was heute ökologisch-innovativ als Fachbereich der Universität Kassel daherkommt, geht in seinen Ursprüngen ins späte 19. Jahrhundert und die 1898 gegründete Deutsche Tropenschule zurück. Hier sollten Auswanderer in die deutschen Kolonien landwirtschaftlich fit gemacht werden. Heute ist der Hochschulfachbereich führend in Sachen ökologische Agrarwissenschaften in Deutschland und forscht nicht nur in Sachen tropische Pflanzen sondern hat auch einen deutlichen Einfluss auf ökologische Initiativen im Werra-Meißner-Kreis.

Das heutige Gewächshaus wurde 1965 gebaut und fünf Jahre später in den Fachbereich der GHK überführt. Was pragmatisch begann, zielt inzwischen auf ökologische Landwirtschaft. Deshalb hat man die Ergebnisse auch der Öffentlichkeit zugänglich gemacht. Die kühlere Jahreszeit macht aus einer Führung einen Aufwärmspaziergang, denn das Haus hat unterschiedliche Temperaturen. So erlebt man drei unterschiedliche tropische Klimazonen und bis zu 400 Pflanzenarten inklusive Kaffee-, Tabak- und Kakaohaus. Jährlich erleben so etwa 14.000 Besucher ökologischen Landbau unter anderen Klimabedingungen. Hier wird geforscht und gelehrt. Als Besucher profitiert man von den Kenntnissen der Studenten.

Besonders spannend ist der 2002 gegründete Welt-Garten. Hier lernt man, worin die Verbindung zwischen Alltag gewordenen Dingen und den Rohstoffen, die zum großen Teil aus Entwicklungsländern importiert werden, besteht. Nachhaltigkeit kennenlernen und lernen für eine einzige Welt hat man sich auf die Fahne geschrieben.

Öffentliche Führungen finden jeweils samstags statt. Sie kosten eine geringe Gebühr.

78

Schloss Berlepsch
Berlepsch 1
37218 Witzenhausen
05542 507010
www.schlossberlepsch.de

Baumhausherberge Robins Nest
Berlepsch 1
37218 Witzenhausen
05542 5055056
www.robins-nest.de

REISE INS MITTELALTER

Schloss Berlepsch

Schloss Berlepsch ist einer der nördlichsten Lieblingsplätze. Niedersachsen beginnt wenige hundert Meter hinter dem Schloss, das zur Gemarkung von Witzenhausen gehört, aber einige Kilometer von der Kirschenstadt entfernt liegt. Die noch heute im Familienbesitz »derer von Berlepsch« befindliche Wehrburg stammt aus dem Jahr 1369. Sie hatte harte Zeiten zu bestehen, die Familie ist ihrer Anlage aber immer treu geblieben und so darf sich heute die 19. Generation der Berlepschs Eigentümer nennen. Neben unliebsamem Besuch vom Grafen Tilly und von Wallenstein, logierten in späteren Zeiten nette Gäste wie Goethe. Das heutige Bild des Schlosses entstand ab 1881. Nach dem Zweiten Weltkrieg fungierte es rund 30 Jahre als Hotel und Restaurant. Es wurden Komödien mit Heinz Ehrhardt auf dem Anwesen gedreht, und in den 1960er-Jahren war Schloss Berlepsch auch Schauplatz diverser Edgar Wallace Filme. Ab 1980 wurde das Schloss sogar mal zum Sannyasinzentrum. Das alles geschah immer unter der Beteiligung von Familienangehörigen. »Crazy Family« würde heute mancher konstatieren.

Seit 2011, unter den gegenwärtigen Schlossherren Sittich Graf Berlepsch und Baron Fabian, wurde das Schloss zu dem, was es heute ist. Man könnte das Ganze »Eventlocation« titulieren: Nächtigen wie im Mittelalter, tafeln und feiern wie die Ritter. Aber es gibt auch ein Museum, Räumlichkeiten für Tagungen und reichlich Sonderveranstaltungen von Raubrittergelagen über Gruseldinner bis zum Berlepscher Weihnachtsmarkt. An Sonn- und Feiertagen wird aufgetischt beim Mittelalterlichen Mittagsbuffet. Wanderer, die auf dem Werra-Burgensteig ihres Weges kommen, können im Schlosscafé rasten. Baron Fabian beschreitet auch neue Wege, zum Beispiel mit dem *Electronic Castle – The Sound of Berlepsch* mit hauseigenem DJ, Menü und Party inklusive.

Über Allem steht das Mittelalter, auch bei den Schlossführungen durch sechseinhalb Jahrhunderte Familiengeschichte.

In der Nachbarschaft befindet sich die *Baumhausherberge Robins Nest.*

Rundweg

Frau Holles Blumenwiese
in Groß-Almerode-Weißenbach

LITERATURNACHWEIS

Die Quellen wurden behutsam an die heutige Rechtschreibung angepasst.

Lieblingsplatz 23: »Vorrede« aus: Brüder Grimm, Kinder- und Haus-Märchen. Zweiter Band, Berlin: Realschulbuchhandlung 1815, S. IV/V.
Lieblingsplatz 30: »Dornröschen«, aus: Brüder Grimm, Kinder- und Haus-Märchen. Erster Band, Berlin: Realschulbuchhandlung 1812, S. 227.
Lieblingsplatz 42: Jacob und Wilhelm Grimm, Deutsches Wörterbuch, Leipzig 1854–1961, Band 27, Spalte 290/291.
Lieblingsplatz 43: »Schneewittchen«, aus: Brüder Grimm, Kinder- und Haus-Märchen. Erster Band, Berlin: Realschulbuchhandlung 1812, S. 241.
Lieblingsplatz 51: »Rotkäppchen«, aus: Brüder Grimm, Kinder- und Haus-Märchen. Erster Band, Berlin: Realschulbuchhandlung 1812, S. 113/114
Lieblingsplatz 71: »Frau Holle«, aus: Brüder Grimm, Kinder- und Haus-Märchen. Erster Band, Berlin: Realschulbuchhandlung 1812, S. 107/108

ZUM ABHEBEN SCHÖN

Von der Wasserkuppe, dem »Berg der Flieger«, schaut man auf das raue Land der offenen Fernen, das während der deutschen Teilung immer am Rande lag. Das ist einer der Gründe, weshalb die Natur des Biosphärenreservats noch weitgehend intakt ist. Bodenständig sind die Einwohner dieses Landstrichs, der geprägt ist von Tälern, Wäldern und Mooren. Einen Kontrast dazu bilden Residenzstädte sowie Kurbäder. Kulinarische Innovationen und kuriose Museen machen die Rhön zum Erlebnisgebirge.

Rüdiger Edelmann
Lieblingsplätze Rhön
978-3-8392-2924-8